Prometheus Pinball

Afrizal Malna

Prometheus Pinball

Diterbitkan oleh Reading Sideways Press

20 Tennyson Street, Richmond, VIC, 3121

readingsidewayspress.com
readingsidewayspress@gmail.com

Edisi Pertama

Hak Cipta @ Reading Sideways Press 2020

ISBN 978-0-6482610-1-8

Typeset menggunakan Avara dan Caudex

Pemeriksa aksara: Fiky Daulay

Desain buku oleh New Pessimism Studio (Yogyakarta, Indonesia)
Dicetak oleh Connecting Design Studio (Yogyakarta, Indonesia)

READING   *RSP*
SIDEWAYS PRESS
Seri Sastra Urban

DAFTAR ISI

Catatan dari mesin pinball 07

57: dna waktu
ular tangga 20
meteran 2/3 jakarta 22
jakarta di mata henri cartier bresson 25
mengosongkan teka teki silang 26
dna orang-ketiga 29
diri yang belum ditemukan 33
pelajaran mengingat hari senin 35
peristiwa sebelum hari senin 38
ledakan yang tak terdengar 41
terbang di atas meja makan 44
protein untuk papan tulis 49
perjanjian dengan bayangan 52
rumah kata 54
kepada paduka yang mulia 57
sebuah kampung di mana-mana 58
dna waktu 62

67:1 proposal daging mentah
mooi indie 66
januari cap panah 67
mati listrik 68
mesin tik di malam hari 69
museum kabinet 70
mulut-mulut yang berubah 72
adorasi kembang api 75
galeri don't forget 78
kutukan kartu pos 81
sebuah jantung jakarta di batavia 84
piringan hitam setengah telanjang 89
atas nama listrik dan 2 X 24 djam 91
menjahit benang kusut 93
mengendarai ketakutan 97

pensil-pensil menulis berjatuhan	100
tak ada judulnya	103
mata pelajaran terakhir	105

67:2 proyek meninggalkan masa depan
jurnalisme di kaki politik	110
urban renewal	112
pemberontakan koper kosong	116
lapangan banteng	119
ban bakar 15 Januari 1974	121
formula jakarta dari benyamin s	124
gerombolan mesin cacat	126
perpustakaan sekolah	131
catatan harian di dasar kolam renang	132
reuni masa depan	135
mata pelajaran yang belum ada	137
infeksi mesin stensil	141
keluar dari masa depan	142
pelukan di lantai disko	144
kamar gelap jangan sedih	148
suara gamelan dalam bak mandi	151
sekolah seni dalam mulut anjing	156
khotbah keuangan	160
museum menutup kenangan	162
suara dari bintang mati	164

1977: institut budaya pop
co2	168
kematian mesin tik	169
perpustakaan kaki lima	171
mimpi dalam empat bidang	174
naik gunung	175
gong xi fa cai	177
penggusuran hari esok	179
toko buku	181

kisah penggulingan kayu bakar	184
ekaristi 1977	186
ave maria	188
pelajaran melukis	190
workshop teater	192
administrasi semen beton	194
representasi kapal selam berwarna kuning	196
memori onrust	198
orang-orang puisi	201
adegan-adegan tanpa nomor	203
toko tanpa penjaga	205
cahaya melewati bayangan	207
filsafat jembatan serong	208
rumah dalam rumah	210
ancaman dalam kandang	213
biografi seorang golput	214

87: indeks rehabilitasi ingatan

mesin cetak puisi	218
stempel seorang fluxus	220
sebuah tempat tinggal dalam waktu	222
kembali ke satu menit yang lalu	224
konferensi pers sebuah puisi	226
mistik jawa di malam minggu	229
drama becak	231
suara mesin tik di pemakaman	234
makan malam bersama bakteri dan virus	236
diskusi on-off	238
kamera yang menangis, marah dan kelaparan	239
rehabilitasi inferno	241
15 menit dalam toko furnitur	243
empat peristiwa dalam empat bidang	245
janis joplin di braga	247
kosa kata pos kota	248
basel münster	250
dia telah dewasa	251

rotterdam	252
ms-dos c:\>doc	253
museum keluarga	255

1997: jurnalisme tubuh mutan

barners le proposal: hypertext	258
garis waktu kata-kata	259
ilmu pengetahuan dari plastik	261
kebakaran hitan	268
1997 stroke	270
box wiji thukul	271
rancangan mesin fiksi	275
pakarena indeks	277
x-men paste	279
hidangan tubuh mutan	280
cinema bedoyo	281
<<📷>>	283
kisah yang menulis dirinya sendiri	285
burung bangkai di bawah meja kerja	287
template DNA	289
jurnalisme biografi	290
lampu senter	293
surabaya johnny	294
ilusi pinball	296

daftar bacaan	299
afrizal malna	303
komentar	304

Catatan dari mesin pinball

Arsip tak punya usia. Selalu kelihatan baru atau memperbarui masa kini kita. Arsip adalah kunang-kunang untuk kegelapan ingatan. Cahayanya membuka jendela antara ingatan dan lupa. Membuat rambu-rambu baru untuk kita mengalami sesuatu sebagai memori bersama. Jalan di mana ingatan-ingatan personal beririsan dalam bayangan yang disinari memori kolektif. Arsip sebagai nakhoda dalam kegelapan biografis, mencari daratan-daratan yang bisa disinggahi. Arsip merupakan ekosistem untuk memori.

Provokasi arsip sangat deras saya rasakan ketika Tropenmuseum di Amsterdam mulai melacak sekitar 80.000 foto keluarga Belanda maupun peranakan Indonesa sebagai "arsip buta tanpa data". Arsip yang porak-poranda setelah pendudukan Jepang di Indonesia. Foto-foto itu dilacak melalui situs web dan aplikasi. *Java Post* ikut melakukan penyebarannya (Foto zoekt familie: javapost.nl/2013/03/07/foto-zoekt-familie-album-824/).

Setiap arsip memiliki pesonanya. Melampaui waktu dan tempat. Arsip memiliki potensi teritorial dalam membentuk pelebaran memori, dan tiba-tiba seseorang bisa menjadi bagian dari tubuhnya. Teritori memori yang eksternal sangat berbeda dengan ingatan yang sifatnya lebih personal dan internal. Ingatan terikat dengan tempat, waktu dan nama dari peristiwa yang pernah dialami seseorang. Ingatan tidak tumbuh dan berubah. "Kenangan dan pikiran memiliki rentang usia, pada orang kebanyakan. Akan tetapi pikiran tertentu tidak pernah menua, dan kenangan tertentu tidak pernah hilang." (Haruki Murakami, novel *The Wind-Up Bird Chronicle*, 1997).

Di sisi lain memori bersifat eksternal, momentum dan aktual. Tumbuh dalam jaringan terbuka dengan ruang dan waktu. Memori merupakan persepsi yang dipantulkan oleh ruang dan waktu, atau kondisi tertentu. Memori merupakan narasi yang tersimpan pada setiap objek di sekitar kita. Mengalami pelebaran teritori setiap mendapatkan momentumnya. Ruang-ruang ekstrim yang pernah ditakuti, misalnya, pos penjagaan Berlin Timur dan Barat yang ditakuti pada masa Perang Dingin, atau situs meledaknya reaktor nuklir Chernobyl, kini keduanya menjadi daerah kunjungan wisata.

Kamus Besar Bahasa Indonesia (KBBI) membedakan memori dan kenangan:
Memori: 1 kesadaran akan pengalaman masa lampau yang hidup kembali; ingatan; 2 catatan yang berisi penjelasan; 3 peringatan; keterangan; 4 peranti komputer yang dapat menyimpan dan merekam informasi. (KBBI)
Kenangan: 1 sesuatu yang membekas dalam ingatan; 2 kesan dalam ingatan (pikiran). (KBBI)

Buku ini, *Prometheus pinball*, dibuka dengan sebuah agenda: bagaimana penulisan puisi saya lakukan dengan menggunakan biografi sebagai sumber utama? Biografi bukan sesuatu yang melayang-layang. Paling tidak ada dua hal yang membentuk biografi saya: Jakarta (tempat saya lahir dan dibesarkan) dan bahasa Indonesia yang hidup di Jakarta yang saya gunakan sehari-hari, di antara migrasi identitas maupun gelombang perubahan sejarah yang mewarnai dan membuat identitas kian majemuk.

Metode yang saya gunakan awalnya sederhana: menggunakan tahun 1957 (tahun kelahiran saya) sebagai titik tolak mengintegrasikan arsip ke dalam biografi atau sebaliknya. Arsip yang saya gunakan berada dalam bentang pemetaan garis waktu lipatan per sepuluh tahun dari tahun 1957 ke 1997. Beberapa arsip yang bersifat istimewa (di luar titik-tolak garis waktu per sepuluh tahun), saya biarkan ikut memberi suaranya ke dalam tubuh puisi.

Tetapi kenapa hanya sampai 1997? Karena saya ingin menggunakan tahun ini sebagai penutup Abad; momen berakhirnya Abad 20 yang diwarnai dengan berakhirnya Perang Dingin, Reformasi 1998, berakhirnya Orde Baru dan berkembangnya teknologi digital.

Ada tiga hal yang saya hadapi sebagai tahap pertama penulisan ini: "biografi saya", "kota Jakarta" dan "garis waktu". Indeks ingatan ini mulai dipertemukan dengan garis waktu (timelines) melalui Google. Sebagian besar saya menggunakan situs "Timelines of History". Timelines ini memang lebih banyak didominasi oleh peristiwa-peristiwa yang terjadi di Amerika, Eropa, Cina, Jepang maupun Australia. Negeri-negeri yang lebih punya dampak politik maupun ekonomi dalam skala internasional. Indonesia tidak memproduksi garis waktu, kecuali sedikit dilakukan Wikipedia. Kalau saya menggunakan kata kunci "1977", misalnya, untuk mencari garis waktu Indonesia melalui Google, yang lebih banyak keluar adalah peraturan-peraturan yang dibuat pemerintah. Artinya, tradisi penulisan kita juga tidak terlalu hirau untuk menggunakan tahun sebagai penanda waktu.

Garis waktu tahun 1957 merupakan arsip yang paling banyak mengejutkan saya, karena peristiwa-peristiwa terjadi ketika saya masih balita, dan akan baru berusia 10 tahun pada tahun 1967. Usia anak-anak dengan ingatan yang samar dan belum dibentuk oleh kesadaran pengetahuan atau sejarah.

Garis waktu tahun 1957 merupakan arsip yang paling banyak mengejutkan saya, karena peristiwa-peristiwa terjadi ketika saya masih balita, dan akan baru berusia 10 tahun pada tahun 1967. Usia anak-anak dengan ingatan yang samar dan belum dibentuk oleh kesadaran pengetahuan atau sejarah.

Pada timeline 1957, ada dua peristiwa terkait mitos Prometheus. Pertama, demo siswa perempuan dari Pomona College, sebuah kampus seni liberal di Claremont, California. Mereka demo agar siswa perempuan bisa makan di kantin sekolah (Frary Hall) seperti mahasiswa lelaki. Sekolah melarang siswa perempuan makan di Frary Hall, karena dalam kantin ini terdapat mural karya Jose Clemente Orozco tentang Prometheus yang telanjang. Pada tahun yang sama, James Whale, yang menyutradarai film Frankenstein (sebagai versi masa kini dari mitos Prometheus), bunuh diri di kolam renangnya. Dua temuan dari garis waktu 1957 ini sangat menentukan untuk buku ini kemudian diberi judul "Prometheus Pinball". Personifikasi di sekitar "daging mentah", "mesin yang cacat" maupun "tubuh mutan" dalam buku ini merupakan bagian indeksikal dari Prometheus maupun Frankenstein.

Untuk rentang dua puluh tahun dari 1957-1977, metode yang saya gunakan (di mana "indeks biografi" sebagai titik berangkat penulisan puisi) berjalan cukup baik. Dalam tahap ini saya menghadapi dua persoalan:

1. Ingatan sebagai ruang gelap
Sebagian orang percaya bahwa ingatan akan menuntunnya ke masa depan. Atau ingatan merupakan elemen-elemen internal yang membentuk identitas seseorang. Sementara saya adalah tipe seseorang

yang mengalami realitas sama seperti prinsip linieritas bahasa. Setiap saya mengatakan sesuatu, sesuatu yang baru saya katakan itu sudah berlalu. Saya selalu berlalu dan tidak bisa berlama-lama di sebuah tempat atau dalam kondisi tertentu. Mungkin inilah DNA Jakarta untuk sesuatu yang tidak pernah menetap pada tempatnya. Kota pos-kolonial yang belum bisa menghapus watak melihat kekuasaan dan uang sebagai pencapaian dan keamanan. Kota yang dibangun dan dihancurkan kembali. Sebagian diri saya ikut hilang bersama peta kota yang terus berubah, sama dengan hilangnya sebagian estetika bahasa saya oleh bahasa Indonesia yang terus berubah.

Kondisi ini tidak mendukung untuk seseorang seperti saya bekerja berdasarkan ingatan. Bahkan ingatan saya, kini, tersimpan dalam Google. Ketika saya memutuskan untuk menulis buku ini, saya berusaha mencari setiap buku yang berhubungan dengan Jakarta. Buku-buku tersebut memberikan cukup banyak data maupun uraian mengenai Jakarta (terutama karya Susan Blackburn: *Jakarta Sejarah 400 tahun*). Tetapi ingatan saya seperti tetap tidak mau bangkit, lumpuh, hidup sebagai museum kegelapan. Perubahan Jakarta membuat kota ini hidup dalam jalinan ingatan di tengah lumpuhnya memori.

Kenyataan itu cukup membuat panik, seakan-akan saya tidak memiliki apa pun dalam kehidupan saya. Tidak punya rumah untuk kenangan. Tahun 2012 saya datang ke Pekalongan dalam rangkaian acara Festival Puisi Indonesia Internasional (What's Poetry). Seorang perempuan di Pekalongan yang pernah jadi bagian dalam kehidupan pribadi saya, tiba-tiba mengirim email untuk kemungkinan kami bertemu. Dan kami tidak jadi bertemu. Email itu, walau hanya sebuah janji untuk bertemu, telah membuka sedikit cahaya dalam ruang ingatan saya yang gelap. Ingatan mulai menemukan semacam kerja indeksikal ketika mulai bersentuhan dengan ruang memorinya. Setiap titiknya menghasilkan jaringan ingatan lapisan demi lapisan.

"Ingatan indeksikal" merupakan poin penting dalam penulisan buku ini. Yaitu bagaimana ingatan mulai menata ulang berbagai indeks biografis maupun indeks isu yang diproduksi dalam masing-masing timeline peristiwa. Seperti bola dalam permainan mesin pinball: setelah bola dilontarkan ke dalam mesin, dia akan bersingggungan dengan titik-titik tertentu. Setiap titiknya akan melontarkan kembali bola ke arah tak terduga.

Ingatan saya rupanya mirip seperti memori yang mendapatkan ruangnya kembali setelah mengalami momen tertentu, ingatan yang tidak pernah sungguh-sungguh terkonstruksikan sebagai kesadaran sejarah. Maka sebuah momen bisa memunculkan efek berantai untuk memantik ingatan-ingatan yang lain, hingga "indeks biografi" kemudian bisa saya jadikan titik-tolak. Walau sangat naratif dan cerewet, karena (sebagai seorang penyintas dalam ruang ingatan sendiri) saya tidak ingin meninggalkan detil-detil yang saya anggap menyimpan gema.

Bau, warna, tekstur atau kelembaban udara yang saya amati di sekitar saya, ternyata juga bisa menolong saya membuat langkah-langkah kecil untuk masuk ke dalam kegelapan ruang ingatan. Saya seperti penyusup yang mengendap-endap untuk mencuri ingatan saya sendiri. Saya sangat menikmati ketika sebuah ingatan tumbuh dan mengambil sosoknya kembali, kemudian melepaskannya kembali sebagai yang telah berlalu. Setelah itu apa?

Kenapa saya membutuhkan konstruksi untuk merepresentasi ingatan? Saya generasi yang dibentuk oleh rezim Orde Baru di bawah Suharto yang memerintah hampir 30 tahun di atas banyak korban. Apakah pengalaman-pengalaman traumatik kolektif perlu diungkap lagi hanya untuk melukai kembali luka yang memang tidak pernah sembuh? Apakah ada jalan lain agar ingatan yang dihadirkan tidak membuka luka baru, terutama hubungan-hubungan pribadi yang menjadi dasar untuk pandangan-pandangan etis saya (saya memberi nama baru untuk sebagian nama dalam buku ini). Bahwa melacak ingatan, sama seperti mencari kembali kaki-kaki kita yang hilang agar kita bisa tetap berdiri dan berjalan.

2. Manipulasi struktur
Pembentukan struktur untuk menata dan mendistribusi alur puisi merupakan masalah paling membingungkan yang saya hadapi. Bagaimana puisi-puisi biografis (yang internal) bisa jalan bersama dengan arsip (yang eksternal). Masalah terbesar dalam dunia menulis rata-rata adalah struktur: bagaimana setiap bahan yang berdiri sendiri-sendiri bisa mendapatkan tubuhnya dalam tulisan, agar sosoknya terkenali atau mendapatkan tipografinya. Atau dibiarkan hadir sebagai tempelan (copy paste) dalam praktik penulisan buku ini. Membiarkan pembaca bisa menerima atau tetap menolak ada hal-hal yang tidak bisa disatukan dan tetap dibiarkan sebagai sesuatu yang terpisah, seperti praktik kolase pada senirupa.

Praktik kolase pada senirupa tidak menghadapi masalah struktur yang laten, karena bekerja melalui melihat. Sementara puisi berhadapan dengan medium bahasa dengan hukum linieritasnya yang melekat. Karena itu puisi juga perlu diperlakukan tidak semata dibaca, melainkan juga dilihat. Struktur dalam penulisan puisi sama seperti sebuah kerja manipulasi atas rangkaian indeks. Mirip kerja editing video untuk merangkai sejumlah gambar bergerak yang berbeda satu sama lainnya. Dalam editing video, manipulasi bisa dilakukan dengan gerak itu sendiri, suara, cahaya, durasi, atau melalui dissolve. Setiap program editing film atau video memiliki berbagai fitur untuk memanipulasi struktur (kadang disebut sebagai "video transition"). Namun komputer belum memiliki program transisi tulisan untuk membentuk struktur puisi.

Pelacakan melalui titik-tolak ini (kota kelahiran, bahasa, indeks biografi dan garis waktu), pada gilirannya mempertanyakan dan kemudian menyadarkan pada ekosistem seperti apa puisi-puisi saya bekerja. Memetakan dan mengkurasi setiap potensi mata rantai produksi yang saya gunakan.

Pergeseran indeks
Memasuki indeks timeline 1977, kerja manipulasi struktur saya rasakan lebih terintegrasi dalam mendistribusi alur puisi. Terjadi terutama karena indeks biografi saya mulai melemah. Produksi tema-tema biografis mulai banyak berkurang. Saya menduga ini terjadi karena setelah usia 20 tahun kehidupan saya kian eksternal. Saya kian masuk ke dalam kehidupan beragam. Tema-tema publik lebih banyak saya hadapi dibandingkan dengan tema-tema pribadi. Yaitu tema yang diproduksi oleh rezim Orde Baru yang terpusat. Melemahnya tema-tema pribadi ini membuat "indeks biografis" sebagai titik-tolak penulisan, bergeser ke "indeks arsip". Pada timeline 1987 saya kian meninggalkan "indeks biografis" ke "indeks arsip". Saya menggunakan peristiwa-peristiwa yang berhubungan dengan sastra dan seni sebagai indeks utama untuk menulis, karena sastra dan seni bisa

lebih memberikan peluang dalam pembentukan struktur tulisan maupun karakter narasi.

Pada usia saya menjelang 65 tahun, bekerja dengan arsip adalah sebuah solusi tidak terduga dalam menghadapi kondisi tubuh. Walaupun kerangka dasar buku ini, prosesnya sudah berlangsung sangat lambat sebelum tahun 2012. Kini, saya bukan lagi seseorang yang bisa berlari dalam tulisan saya, melainkan merangkak. Menyusuri setiap pembentukan kalimat, seolah-olah menjaga seorang anak kecil berjalan agar tidak jatuh. Sekian persen diksi yang pernah aktif dalam memori saya, juga sudah menguap. Dan sekali lagi, masalah ini cukup teratasi melalui fasilitas Google yang telah menjadi ekosistem memori kita bersama.

Ekosistem Bahasa Indonesia
Kesulitan lain memunculkan intensitas khas dalam menghadapi bahasa Indonesia yang berpengaruh pada pelacakan puitika antara teks dan referensi; terutama dalam mengurasi kata maupun kerja struktur. Atau dengan kata lain, saya (juga sastra Indonesia) bekerja di atas ekosistem yang cacat, tidak terintegrasi antar mata rantai produksi budaya maupun agen-agen sosial yang bekerja aktif di dalamnya. Bahasa Indonesia terlalu sibuk dengan masa depan, mengambil atau mencari banyak kata serapan untuk menghadapi aplikasi maupun praktik-praktik teknologi masa kini. Namun tidak memberi banyak perhatian akan konsep-konsep budaya lokal, terutama agar bahasa Indonesia signifikan disebut sebagai bahasa nasional.

Seorang penyair Bali, Samar Gantang, misalnya, yang hidup dalam ekosistem agraris-Hindu di Bali, akan menghadapi kesulitan besar menggunakan bahasa Indonesia berdasarkan tubuh-Hindunya. Atau sastrawan peranakan Cina, mereka juga mengalami kesulitan di mana konsep-konsep budaya mereka tidak terepresentasi dalam bahasa Indonesia, di tengah cukup banyaknya kata serapan dari Sansakerta, Arab, Belanda, Portugis, maupun Inggris. Aku-lirik yang sehari-hari hidup sebagai holong (Batak), U (Bugis), gue (Betawi), aink (Sunda), kulo (Jawa), misalnya, harus pindah sebagai aku dalam puisi Indonesia. Sementara di balik sebutan "orang-pertama" ini ada pola hubungan yang berbeda pada masing-masing sub-kultur.

Indonesia berhadapan dengan agenda akan lebih banyak lagi punahnya "bahasa ibu". Hasil pemetaan yang dilakukan Pengembangan dan Pembinaan Bahasa Kementerian Pendidikan dan Budaya, terdapat 659 bahasa daerah yang tersebar di 17.508 pulau. Dan sedikitnya, ada 139 bahasa daerah terancam punah (Suara Pembaruan, 19 Desember 2016).

Fenomena ini merupakan kesulitan laten untuk mengalami bahasa Indonesia sebagai ekosistem sastra. Bahasa yang juga kurang merepresentasi kenyataan geografis Indonesia sebagai ekosistem kepulauan dengan kekayaan laut maupun seratus lebih gunung berapi yang membutuhkan lebih banyak lagi detil sebagai sumber pengetahuan lokal. Bahasa Indonesia membutuhkan dirinya yang cukup representatif sebagai ekosistem lokal, sebelum terlalu hanyut dalam arus masyarakat global.

Sampai akhir buku ini ditulis, saya masih bertanya: apa hak saya memasukkan sejarah orang lain dalam tulisan saya? Saya (seperti) mencuri kisah-kisah mereka ke dalam sebuah museum puisi yang tidak dirancang bersama.

57: dna waktu

ular tangga

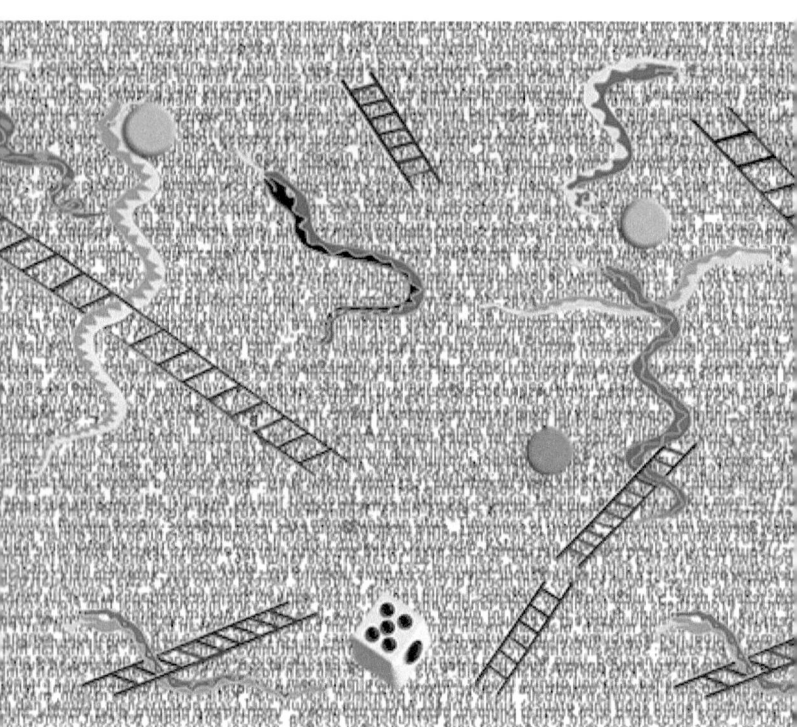

AFRIZAL MALNA

menulis tidak boleh dari bawah

meteran 2/3 jakarta

jakarta telah pergi dengan sebuah becak
  pagi itu.
jadi nama sebuah hari dalam seminggu .

hari itu.
tahun 1957 dalam bilangan 2/3.
sebuah hari.

> sesuatu hari.
> *seorang hari.*

　　melihat seorang pagi berjalan, datang,
dengan sisa mimpi dari kipas angin bekas.
melangkah dari *atas* dan *bawah*. menyebar
sebelum ke kiri. mengetuk *pintu* sebelum
pemadam kebakaran memadamkan *jendela*.
punggung siapa terlihat dari belakang? kota itu,
jakarta, membawaku ke mana-mana di tempat
yang sama. kadang seperti sungai. kadang seperti
banjir. kerumunan angka yang terus berubah
dalam batasnya.

kail mengenakan sungai sebagai topengnya,
antara makanan dan kematian: riak dan mulut
ikan mujair menghirup oksigen, lipatan air
dan suara setelah kail menyeret mulutnya.
sebuah kampung dengan gang-gang sempit,
menawarkan *belok* dan *buntu* dalam jual-beli
impian. seseorang dengan suara dalam bau
kretek, berusaha menjemur bayangan ibunya.
"ceritakan pada seseorang yang sudah 60

tahun, tentang kota dan generasi yang hilang". membayangkan gambaran ruang tentang *kiri*, *kanan*, *atas*, *bawah*, dan kuasa kata melibas masuk ke dalam arah mata angin. seseorang seperti sebuah gang pada ujungnya yang buntu.

> *tanah tinggi*
> *planet senen*
> *kwitang*
> *kali angke*
> dan kisah tentang mat item

nama-nama itu goyang di atas jalan becek berlubang:

> *matraman*
> *paseban*
> *cikini*
> *kramat tunggak*
> dan buaya terakhir di kali ciliwung

sebelum 100 tahun mobil dan kereta melayang-layang di atas kota.

saya membangun instalasi puisi ini seperti membongkar bangunan bahasa dengan meteran tentang *lupa*. membungkus kata, memasukkannya ke dalam mikrobiologi neurotik. mulai menulis antara tatakota dan populasi penduduk. gunting masih tersimpan dalam potongannya. titik yang tersesat dalam penggaris bahasa. dan kau tahu, tak seorang pun bisa mengubah arah mata angin di luar penggaris itu; atau kata *potong* yang berusaha melupakan gunting.

belok - lurus - balik - terus - berhenti
atau 0,2% *mentok*

saya menulisnya dari kenangan yang telah
kehilangan termometer dan meterannya. kota
yang menghabiskan 2/3 hutang negara. seluruh
daerah menatapnya dengan mata hitam. hitam.
desa-desa bangkrut. akulah bayi yang lahir
sebagai mayat dalam novel mochtar lubis, *jakarta
dalam senja*. 1957. kabinet yang goyah dalam
jaringan korupsi, menjadi serangga buas dalam
makna. seperti kafka dalam *metamorfosis* seorang
pegawai asuransi ------ siapakah *koma*, siapakah
titik, siapakah semua yang diberi tanda dan
menghapusnya

" , . ? / ! ()

(wabah flu asia bergerak dari tiongkok, singapura,
hong kong, amerika -- membunuh hampir 2 juta
manusia).

tuan-tuan telah hilang ke dalam rekening bank
dan saham-saham. sebuah surat warisan di antara
jaringan distribusi barang-barang impor. sebuah
puisi berusaha menyimpan suara jangkrik dalam
museum tentang kebersihan kota, dan melupakan
cara-cara bagaimana karya sastra ditulis.

jakarta di mata henri cartier bresson

sumber: magnum foto, 1949. Koleksi: Magnum Photo

mengosongkan teka teki silang

isilah teka-teki silang itu ... "kapan kau mati, dan kuburkan dalam kotak-kotaknya?" hitam dan putih, atau birunya langit:
double-crostics dari elizabeth kingsley ...

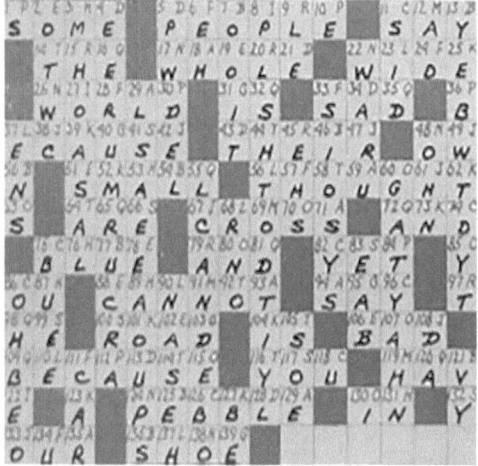

hari itu dan nilai mata uang begitu cuek di bawah tatapan jalang harga-harga barang. imunisasi cacar air, tetanus dan tifus menjelang 3 juta penduduk kota *ina inu*.

"ke manakah aku belajar bahasa indonesia tanpa mobil baru dan kemiskinan?" teka-teki silang di

koran minggu pagi; ketakutan pada antrian
beras, gula dan minyak tanah.

ada kematian yang menyamar, menggunakan
radio siaran luar negeri dan bau telur asin.
kata-katanya cabul. walau sudah merendam
kata suci dalam ember penuh sabun.
menjemur bau busuknya dalam buku tentang
administrasi negara. bukan. selamanya,
kematian adalah perangkap sambil seolah-
olah rasa takut sedang mengubah ekonomi
jadi lampu senter.

(dan seolah-olah hari itu) tahun 1957, terusan
suez dibuka. jalur gaza -- kota-kota suci yang
menderita. beckett mementaskan endgame
di london. jeritan bekas perang dan bom
atom, seperti kunci rumah yang hilang dalam
teriakan kemerdekaan.

kelahiran menghadapi jalan buntu dalam
daftar penduduk kota dan pajak penghasilan.
keduanya (*kematian* dan *kelahiran*) bertemu
dan berpisah, seperti sahabat yang *belum*
pernah bertemu dan *belum* pernah berpisah
dan *belum*. saling menunggu antara hari
rabu dan minggu. nanti atau besok. atau
kami berdua memang tidak pernah ada,
sebagaimana *tuan* menciptakan makna dalam
kandang ayam yang tak ada ayamnya.

       hari itu
tahun *1957*, dan hari itu malaysia merdeka.
gerakan anti-amerika di taipei, seperti

petasan pada perayaan imlek. elizabeth kingsley,
pencipta teka-teki silang meninggal dan aku, lahir
dalam

bau gado-gado jakarta. orang-orang kembar di
bulan juni menciptakan bayangannya dari setiap
batas yang lumer. pemberantasan buta huruf di
kampung-kampung, untuk bisa membaca *bahaya*.

hari itu dan hari itu dalam setiap kotak teka-teki
silang:

                b
                e
                r
                l
    s e t i a p m a s a k i n i
                l
                u

/kapankah masa depan berakhir?/

dna orang-ketiga

mungkin "dia" sedang berenang pagi itu. cahaya matahari dan gerimis tipis yang biasa. siapakah *dia* dengan tanda kutip. *prometheus, frankenstein*, atau semacam *ketakutan* yang hidup dalam bahasa bekas.

(bangunan itu, seperti rumah makan dalam gereja. bukan tempat persembahan, atau kolam renang buat prometheus. frary hall di pomona college -- sebuah kampus seni liberal di claremont, california. sebuah mural josé clemente orozco menopang kubahnya: mural sang prometheus, telanjang dalam warna-warna yang membatalkan kemarahan zeus.

kursi dan meja makan, daging kerbau dalam perut sapi, api pengetahuan dan burung pemakan bangkai yang menatap tubuh kematian).
"pulanglah, perempuan, makan dan duduklah manis dalam rumah. tutup auratmu."

siswa perempuan masuk dan ikut makan di frary hall. siswa lelaki protes: "bagaimana mereka makan di bawah tatapan telanjang prometheus, menyengkram semua proposal tentang penciptaan." apakah perempuan terbuat dari mitos lelaki yang cabul, dan seandainya burung gagak duduk manis di depan masa lalu yang lumer.

Mural Prometheus di Frary Hall, Pomona College Museum of Art.

apakah langit adalah seseorang yang bisa kusapa.
tubuhku terlentang, mengapung di permukaan
kolam. (cahaya matahari dan gerimis tipis biasa).
menatapmu sebagai seseorang yang tak punya
dinding dan tak punya runtuh. siapakah dia
dengan tanda kutip, dalam tubuh orang-ketiga
yang tak hadir.

angin dan riak air, seperti lintasan waktu (berlalu).
gesekan bibir (dingin) -- tak punya cuaca. dan
tahun itu, 1957 yang aneh dan gila. lemparan
granat yang hampir membunuh presiden di
sekolah dasar cikini. anak-anak terluka. manusia
mati. akira kurosawa membuat *macbeth* dari
drama noh. memasukkan barat ke dalam tubuh
timur.

(apakah meja makan dan kolam renang sedang
saling menunggu, malam minggu ini. berjanji
menyusun tubuh orang-ketiga dari tarian serimpi
dan bedoyo. lenong yang birahi menatap perawan
mengupas mangga. ondel-ondel berputar,
membersihkan kampung dari santet dan pelet).

tahun yang aneh dan gila. mesir mulai membuka
parlemennya untuk perempuan. tahun bersama
pamplet mao: "*biarlah seratus bunga mekar ...*"
dan tahun itu, malam yang membuat jalan jadi
pusat kebudayaan. (zen dan pop art). willy brandt
menatap berlin yang terbelah.

lampu mati (*tanpa kematian*), meja makan
mencari dapur (*tak ada dapur*), seseorang
bunuh diri di kolam renang (*tak ada orang mati
berenang*). orang-ketiga mulai dijahit di dalam
baju bekas. tahun itu. hakim membebaskan
kumpulan puisi *howl* -- allen ginsberg, untuk
lumernya batas kebebasan pers dan
heteroseksual. ia bernyanyi untuk para pengungsi.
generasi beat dengan janggut, rambut gondrong,
sandal jepit dan baju bekas. menatap perang
vietnam dalam beat hotel di paris.

orang-ketiga adalah mayat-mayat yang dijahit
dalam ledakan petir dan arus listrik. mary shelley
menatap letusan tambora, langit seperti penjara
kematian tanpa musim panas. frankenstein men-
gajaknya bertemu orang-ketiga dalam sebuah
novel.

tahun 1957 dalam baju bekas tentang orang-
ketiga, james whale, yang menyutradarai

frankenstein, bunuh diri di kolam renangnya. kematian berenang. tubuh orang-ketiga duduk manis di setiap yang tak hadir. burung pemakan bangkai membuat puisi dari setiap serpihan hati prometheus.

mati dan hidup lagi. *mati dan hidup lagi*. dalam penjara yang sama.

diri yang belum ditemukan

dia masuk ke dalam tanda panah, untuk mengerti arah angin tentang aku. tengkorak bahasa tentang aku telah disusun di gunung olimpus dan kecelakaan mobil albert camus. proposal tentang aku juga telah kutinggalkan di sebuah gang buntu dan gelap, dalam sebuah halaman buku "the undiscovered self" -- carl gustav jung.

dia keluar lagi dari tanda panah, dan tak tahu: apakah dia sudah di luar atau masih di dalam aku. *berita rahasia tentang tanda panah*: sebuah pesawat alien terbang rendah di atas pedesaan inggris. mereka mencium bau roti dan akhir musim dingin yang lelah. *exit*.

puisi yang dibatalkan: aku terbang rendah mencari tubuh di atas potret yang kabur dan gila. tengkorak-tengkorak tentang aku membuat teror bahasa dalam "struktur sintaksis" noam chomsky. bebaskan kami dari seluruh kata *artinya*, kata 99%-aku. *exit*.

tahun 1957 dalam tata bahasa: proyek-proyek pemberantasan buta huruf untuk bisa membuat tanda tangan dan memalsukannya. *exit*.

dia keluar dan masuk lagi. "siapa yang mendefinisikan aku untuk masuk dan untuk

keluar." tatapan psikoanalisa yang lelah tentang yang hilang di dalam aku: (*rumput telah kering, pohon-pohon telah ranting*). tahun 1957 untuk seorang bayi yang tak tahu dia telah lahir, pindah dari rahim ibunya, menjadi data liar dalam daftar pengangguran kota.

tahun itu, data-data harus tunduk. anjing menggonggong di bawah bulan purnama. hantu-hantu potret bersama di depan kamera bawah sadar, dan tersenyum manis. *klik*. seymour cray membuat mesin pengontrol data, komputer pertama yang menjebloskan aku sebagai indeks.

puisi didefinisikan kembali setelah aku direstart.

e x i t

pelajaran mengingat hari senin

dia mulai belajar mengingat hari senin. dia senang menemukan hari senin bersembunyi di dalam hari sabtu. bertemu siapa pun yang tidak pernah mengingat sebagai cara menghafal. menjadikan setiap yang dibuat hilang kembali, seakan-akan tangannya selalu tertukar dengan penghapus. percaya dan tidak *percaya*, keduanya saling menghibur dan saling percaya dan tidak-*percaya* ada *penghapus* yang menetap antara keduanya. (*bukankah perang telah usai*).

tokyo masih demam hancurnya hiroshima dalam potret penyintas seorang gadis muda. wajahnya museum yang membekukan bayangan. matanya menyimpan sinar putih terakhir. sebuah kota yang runtuh dalam kelupasan kulit senyumnya. mata yang menatapmu dari dalam melalui kamera christer strömholm. kematian seperti bisa dipeluk dalam potret hitam-putihnya. abad penuh petualangan, bermain judi dengan dadu tak bernomor. *plak*, suaranya di atas meja.

di lapangan tenis, kaisar akihito yang muda, sedang membuat sebuah *romansa abad in*i bersama michiko shoda. mengubah batas antara dewa dan aku, antara cinta dan bola tenis. menyiapkan 12 kamera dan siaran tv, mengirim berita kepadamu: "apakah kamu baik?" (tanpa pangkalan militer). sebuah industri sedang

disiapkan melalui kisah cinta. mengubah bom
atom jadi *datsun, honda, toyota … sony.*

di amsterdam, tjalie robinson (seperti edgar
du peron) masih mencari tanah airnya.
antara kompeni dan inlander. para nyai yang
menggendong *anak semua bangsa* yang tidak
punya tanah air. sumatra, jawa, rawa-rawa: hari
senin masih berlibur di apeldoorn.

dia mungkin percaya kepada mereka yang
bermimpi lewat lubang jarum. benang-benangnya
membuat jembatan. menjadi yang lepas, saling

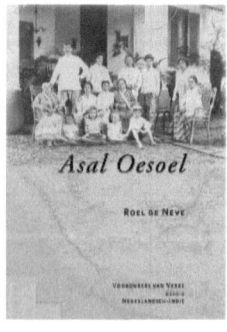

terkait dan meretasnya lagi. dia percaya, besok
hari senin. hari yang membuat jembatan untuk
datangnya jam 5 sore.

ayahnya akan membawanya ke warung kopi.
memanggulnya di atas bahunya seperti kayu
bakar. berkenalan dengan supir-supir truk, tukang
becak, penjual jamu gendong, pemilik toko
furnitur, ketan bakar dan telur setengah matang.
taburan bubuk merica di atasnya.

> (max dauthendey, penyair jerman yang mati
> di malang, 1918, menulis surat dari garut. ia
> menemukan surga di jawa. suara gamelan
> yang memabukkan. alat musik para malaikat di
> luar indera. "semua penguasa kolonial adalah
> perampok dan tiran," katanya. "mereka akan
> runtuh bersama koloninya, sebagaimana roma dan
> athena," katanya).

mereka semua mengatakan kepadanya:
"*tahukah engkau, besok adalah hari senin*"

gerobak akan datang mengirim dua drijen air
bersih. pergi ke dokter gigi, karena selalu ada
bika ambon yang merusak giginya di malam hari.
membeli telur kodok untuk mengobati bisulnya:
berlendir ketika basah menghisap ketika kering.
butir-butir kecil telur berwarna hitam, bau amis
ketika mulai menetas di genangan air.

> yang *tumbuh* dan yang *tumbang* kadang datang
> dari *jatuh* yang sama.

peristiwa sebelum senin

besok hujan turun di hari senin --> jam 5 sore.

tetesan air dari atap yang bocor jatuh di atas kerudung ibunya. seperti luka -- seperti doa. seperti tubuh yang tiba-tiba bukan tubuh lagi. bekas gerimis yang dipunguti kembali oleh hujan, besok pagi.

dia masih disuapi bubur dari hati sapi, kacang hijau dan tikus yang melubangi kelambu tidurnya. besok hari senin jam 5 sore. menangis, agar waktu tidak selalu malam dan siang. menggaruk
gatal yang tumbuh di mana-mana. tubuhnya –
ladang nyamuk. sebuah upacara dalam lingkaran asap obat nyamuk, antara yang menghisap darah yang gatal dan yang menggaruk di malam hari. (sebuah pesawat alien mendarat di pantai adriatik, francavilla, itali. -- 1957, tahun di luar kelambu tidurnya). seorang bayi yang tak punya usia.

buruh-buruh mulai mogok di seluruh perusahaan belanda. bank-bank, perkebunan, transportasi laut: *jatuh*. pak suradi membuat minuman "es kapal" di solo. irisan roti menjelang tenggelam dalam gelasnya. antara santan, serutan es dan susu coklat. spanduk-spanduk "milik R.I" mulai terpasang di mana-mana.

Sumber: Berdikari Online.

amerika resah membaca arah angin di asia tenggara, antara indonesia dan indocina. dubes keliling, gordon main, datang ke jakarta, ingin mendirikan pangkalan militer di irian barat. tidak. hutan-hutan papua menyimpan masa depan republik. belanda kian kehilangan kaca mata membaca hari esok di balik lukisan *mooi indie* yang kian abstrak.

angkatan laut amerika mulai mencium "krisis indonesia". sekutu melakukan sidang darurat, dalam bayangan "non-blok" yang mencemaskan dari asia-afrika. sastra membangun dua rumah antara lekra dan seniman-seniman gelanggang. mendefinisikan diri antara *anak semua bangsa* dan modernisasi di halaman belakang. orang-orang ingin menikmati rawon rampal sangadi dan sariah, di malang. lidahmu akan masuk ke dalam bayangan rempah-rempah dan tatapan lembut mata sapi.

stasiun listrik: *jatuh*. perusahaan gas: *jatuh*. batu bara: *jatuh*. nasionalisasi menerima bannyak tafsir, dengan wajah berbeda antara rakyat dan tentara. militer menggunakan undang-undang keadaan bahaya. hari senin mulai tidak sama dengan hari senin dan (hari *senin*). kargo-kargo amerika, berisi senjata modern, mulai diterjunkan ke sumatera barat. kapal perang mencari hari senin dalam hari senin di teluk bayur. "apakah hari senin bisa ditembak?" dia bertanya pada ibunya.

anak ayam berlari-lari bersama tikus got di depan pintu rumah. sampah baru saja dibakar. seekor kucing melompat, mengambil ayam goreng di atas meja makan. seekor burung gereja terbang mencari gereja. sebuah republik sedang menyulam kawasannya antara di dalam dan di luar.

"ibu, kenapa kita tidak tinggal 7 hari saja di sini? di muka bumi ini." kelahiran seperti sebuah libur panjang di antara sirene jam malam, orang-orang berbaris, sewa tanah dan pergantian kabinet.

/ 7 Hari saja /

ledakan yang tak terdengar

mereka memperkenalkan sebuah nama kepadaku:

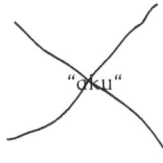

"aku"

upacara sunat telah dilakukan, merayakan nama itu. nama yang menanam diriku sebagai selamanya seorang lelaki. nama yang di dalamnya tidak mengandung *dirinya*.

aku yang mulai disusun dari material baru, dibor ke dalam perut bumi: *minyak*. cairan yang menggantikan batu bara. menggetarkan bangsa-bangsa dan setiap mata uang. menciptakan industri ketakutan baru. cairan yang diciptakan kutukan masa depan CO_2.

dia berdiri mencium cairan itu. hitam, legam, kental menggeliat. bau tajam yang menghidupkan mesin-mesin. dia merasa mulai berdiri bersama kerapuhannya, dalam kumpulan asap dan karbon monoksida. mengatur tindakannya dalam setiap patahan dan lipatan-lipatannnya. langkahnya disambung-sambung di antara yang berlalu dan yang hilang. seorang mereka yang sendirian dan terus mencari bagian dirinya dari mereka: dia di

antara mereka, seperti jeritan di tengah teriakan
orang lain.

dia terbuat dari daging mentah dengan gatal-gatal
yang membuatnya sibuk menggaruk. ada bangkai
homo sapiens yang terasing dalam dagingnya.
meninggalkan lubang selamanya, dan melahirkan
minyak. apakah dia telah menyakiti udara? ibnu
sutowo mulai mendirikan pertamina. perusahaan
minyak dan gas bumi. menggetarkan jalan-jalan,
laut, langit dan dollar.

> (jenderal itu menolak keuangan pertamina
> diperiksa secara terbuka. salah satu bawahannya
> memiliki rekening pribadi 36.000.000 US$. pesta
> pernikahan termahal. istri cantik, kemewahan
> yang meninggalkan bara di ruang publik).

kilang-kilang minyak berdiri, *menumbangkan* api
para dewa. berhadap-hadapan dengan asap, di antara
gas-gas tak-berwarna dan tak-terlihat. pipa-pipa raksasa
menembus perut bumi. sputnik soviet diluncurkan, satelit
pertama yang menciptakan sejarah di ruang angkasa.
benda asing yang mengintip bintang-bintang. sebuah
gelang karet, mekar, dalam botol minyak tanah.
lampu petromak dipompa, mengubah minyak jadi gas.

dia yang selalu ingin terbalik. sepatu kiri terbalik
halaman belakang terbalik pohon mangga terbalik
tumbuh terbalik berjalan terbalik desember
yang terbalik januari. dia harus melalui jendela
untuk meloloskan diri dari jebakan pintu.
seorang aku yang segera hancur ketika seseorang
memanggilnya. timur tengah mulai bergetar

antara minyak, kota-kota suci masa lalu dan para pemeluk monoteis. laut mati yang membuat kau bisa berjalan di atasnya, bintang-bintang di atas padang sunyi lautan pasir. tempat seseorang membayangkan tuhan dari jalan ketiadaan.

seseorang yang melihat tao di warung penjual kembang api dan petasan. huruf-huruf purba yang menyimpan roh-roh nenek-moyang. bukit-bukit yang lain, sungai-sungai yang lain, yang memelihara sejarah ribuan tahun. semua yang diperas jadi *minyak*. seorang daging mentah yang kadang merasa ada kuburan bakteri di telapak tangannya. berterbangan setiap dia bertepuk tangan. makhluk tak terlihat yang bisa membunuhmu.

dia-yang-tak-kawin, dia-yang-tak-melahirkan, dia yang menduplikasi dirinya dengan membelah selnya. mikrobiologi yang bergerak dengan *flagel*, ujung cambuk yang bergetar. dia yang tak terlihat dan menyusup jadi bagian dari aku. yang bangkai, yang mayat, yang bekas. semua yang masih menyimpan potensi hidup dan melahirkan *minyak*. tak ada bangkai yang bisu walau *suara* telah menjadi bangkai pada *bunyinya*.

dia seorang-bakteri dalam bahasa, ketika mulai menyebut dirinya sebagai "aku". sebuah peradaban yang tidak bisa bertahan tanpa minyak. daging mentah itu berdiri. apakah waktu juga ikut berdiri dan berjalan keluar bersamanya. meninggalkan yang tak terlihat antara *asap* dan *api*.

terbang di atas
meja makan

mbak inem, seorang perempuan dengan tubuh
mungil. kulitnya gelap menyimpan lembah-
lembah waktu. setelah menyapu dan mencuci
pakaian, dia akan menggendong daging mentah,
menyuapinya dengan bubur kacang hijau
ditumbuk bersama hati sapi. makanan yang sering
membuatnya muntah.

hari minggu siang, mbak inem mengajaknya
nonton di gedung wayang orang adiluhung, sambil
menyuapinya makan siang bersama bima, tokoh
wayang dengan kuku aneh di tangannya. mukanya
penuh kumis dan cambang. menggunakan
rok motif kotak-kotak hitam-putih. suaranya
menggeram, seperti mesin dari dalam batu.

dia selalu menunggu saat bima berada dalam laut.
ombak terbuat dari kertas bergambar, bergulung-gulung
seperti ular. sebuah pesawat. bukan kapal
laut. gatotkaca terbang di antara awan-awan
kertas. gamelan dan hutan bergetar. antasena
keluar dari perut bumi. suara gemuruh dari bukit-
bukit. rombongan raksasa keluar dengan suara
gaduh, membenamkan taring mereka dalam
pelukan mbak inem.

raksasa-raksasa itu kumpulan makhluk
berbulu. bulu-bulu gimbal, tebal, kasar. kakinya
menggetarkan bumi, suaranya seperti batu

Bioskop Rex pada masa Hindia Belanda. Kemudian menjadi gedung wayang orang Adiluhung, kembali lagi jadi Bioskop Rex, kemudian Bioskop Kramat. Sumber: kaskus.com

berjatuhan, matanya merah, taringnya tajam.
dia bisa bertemu dengan makhluk-makhluk aneh
dalam pertunjukan wayang orang yang tugasnya
hanya untuk berperang. keris, panah, cakra
dan gada berjatuhan dalam mimpinya tentang
jatuhnya bisma. tubuh yang terkubur dalam ribuan
anak panah.

setiap hari senin pakaian-pakaian wayang itu
dijemur di halaman parkir gedung wayang orang.
mbak inem membawanya bermain-main di antara
pakaian itu. "ini baju raksasa, ini gigi cakil, ini
sayap gatotkaca. ini topi bima. ini panah arimbi."
dia bermain dengan tubuh-tubuh wayang yang
sedang tergeletak sebagai jemuran. dia melompat-
lompat di antara pakaian mereka, memeriksa

kumis, taring dan sayap mereka; memegang kuncir semar:

> siapakah seniman pencipta gigi cakil? gigi yang melewati wajahnya sendiri.

dia minta kepada ibunya untuk membelikan sayap dan topi gatotkaca, juga selendangnya. ibunya membelikannya di puncak, cipanas. setelah itu dia menjadi seorang gatotkaca di rumah, terbang di atas meja makan. dia minta ibunya membelikan keris. senjata aneh berkelok-kelok seperti ular. ada ukiran di badannya.

malam hari dia tidur dengan sayap gatotkaca di punggungnya, topi gatotkaca di kepalanya, keris terselip dalam ikatan selendang di pinggangnya. berharap malam hari dia sudah bisa terbang sebagai gatotkaca ke istana astina. ibunya marah, karena dia tidur dengan keris. besok hari, semua itu dibuang ibunya. dia tidak boleh tidur sebagai gatotkaca. tetapi dia masih memiliki selendang untuk terbang di atas meja makan.

dia mulai merasa punya sahabat baru melalui selendang itu, sahabat yang tidak bisa dilihat oleh siapa pun, termasuk ibunya. arjuna datang dan mengajaknya bermain pedang-pedangan di kolong tempat tidur. mbak inem datang, menariknya, menggendongnya, memeluknya, memandikannya dan mengganti bajunya.

pagi hari, dia membentangkan selendang itu di kolong tempat tidur, menyusun kelereng di atasnya. bentuk bola kaca dan warna-warna kilau dalam butir-butirnya. mbak inem datang kembali, menariknya dari kolong tempat tidur, menggendongnya, memeluknya, memandikannya dan mengganti bajunya.

- jangan main di kolong tempat tidur, katanya.
- kamu tidak bisa bertemu dan terbang bersama gatotkaca, katanya.
- kamu akan diculik wewe gombel kalau bermain di kolong tempat tidur, katanya.

wewe gombel, hantu berambut panjang dengan lubang di punggungnya. buah dadanya menggelewer, rambut panjangnya menutupi lubang di punggungnya, membuatnya seperti tidak lagi memiliki tempat bersembunyi di dalam rumah. mbak inem datang kembali, menariknya dari kolong meja makan, menggendongnya, memeluknya, memandikannya dan mengganti bajunya.

di kolong meja makan, dia suka melihat kaki-kaki orang yang sedang makan, duduk mengelilingi meja itu. dia merasa bisa melihat mereka tanpa bisa dilihat. dia merasa terlindungi oleh bibir-bibir kain taplak meja, jatuh terjuntai dengan renda bunga-bunga mengelilinginya.

gedung wayang orang itu, suatu hari, (tempat ia bertemu dengan tubuh-tubuh aneh yang hidup dalam suara gamelan): ditutup. berganti bioskop rex. keris, cakra dan panah berganti dengan pistol, kuda dan meriam.

sejak itu, mbak inem tidak pernah datang lagi.
tak ada lagi orang yang menariknya dari kolong
meja makan, menggendongnya, memeluknya,
memandikannya dan mengganti bajunya.

tak ada lagi gatotkaca yang terbang di atas meja
makan. sebuah dunia jawa telah menanam dirinya
di kolong meja.

protein untuk papan tulis

telapak tangan teman-teman barunya menggenggam telapak tangannya. sebuah lingkaran nyanyian *sorak-sorai bergembira*. di kwini, sekolah taman kanak-kanak pertama yang dimasukinya. lingkaran tangan kecil saling menggenggam, mengayun, membuat putaran dan melingkar. nama-nama mereka ikut berputar dalam kelas, sebuah absen untuk pertama kali namanya dipanggil.

mata yang bertanya-tanya, telapak tangan yang bertanya-tanya: *siapa namamu, kamu tinggal di mana, siapa orang tuamu*? dia terus menggigit sapu tangannya, takut ada yang berlepasan dari tubuhnya. ada tanaman dan ayunan, di taman bermain sekolahnya. berkenalan dengan tubuhnya yang menjadi lebih rumit ketika mulai memanjat tangga besi bangunan bermain itu.

rasa asing memasuki gerbang sekolah dari besi. anak-anak ribut berlari, berteriak. pedagang makanan dan mainan di luar pagar. kembang gula, es lilin, naga merah dari gulali. lonceng sekolah. becak antar-jemput menunggu di luar pagar, gambar gunung biru pada jok belakangnya. masuk ke dalam kelas bersama ibunya. mata yang masih takut bertemu dunia baru. ibunya ikut duduk

Model bangku sekolah SD Inpres di era Orde Baru

di sampingnya sambil menyulam. sapu tangan
tergantung dengan peniti di leher bajunya. dia
tetap menggigit sapu tangan itu ketika bernyanyi
di depan kelas tentang *bintang kecil* dan aku
sayang ibu.

sekolah itu -- tempat dia menyaksikan dunia luar
di balik pagar sekolah, ditutup karena kepala
sekolahnya seorang komunis. ibunya tak tahu
komunis itu apa. dia pindah sekolah di sekolah
negeri yang kepala sekolahnya bukan komunis.
meja dan bangku-bangkunya juga bukan komunis.
ibunya tak tahu bukan komunis itu apa.

papan tulis hitam memuntahkan huruf-huruf dan
angka-angka. serbuk-serbuk kapur berterbangan
bersama garis-garis cahaya matahari pagi.
ibu guru yang bukan komunis bersama pita
rambutnya, ikut beterbangan bersama serbuk-
serbuk kapur tulis. papan tulis itu seperti kotak

hitam yang menyulap peta-peta, protein, lapisan-
lapisan bumi, gerhana matahari, daun yang
bernapas, cahaya bulan dan laut pasang. sel-sel
darah dan puisi *krawang-bekasi*. kenanglah protein
pada telur ayam. kenanglah enzim pada tempe
goreng dan bayam.

dia pergi ke sekolah dan pulang lagi karena
mencret. dia takut belajar berhitung karena di
rumah tidak ada yang perlu dihitung. di sekolah
barunya, sekolah dasar negeri kramat pulo, ada
panci-panci besar untuk memasak susu bubuk dan
menggoreng tepung terigu, kalsium dari amerika.
anak-anak harus minum susu, ada hari esok
dan masa depan sebuah bangsa dalam susu itu.
universitas indonesia mementaskan *orang asing*,
rupert brooke, di gedung kesenian pasar baru.

di kelas, meja-meja kayu, bangku-bangku kayu,
papan tulis hitam, kapur putih dan penghapus.
apalagi yang harus dihapus setelah sejarah berkali-
kali dihapus di papan tulis itu? papan tulis kembali
berwarna hitam. gravitasi dihapus. peta dihapus.
vitamin c dihapus. dan ibunya berkata sebelum
tidur: "lahir dan mati kita, tidak membawa apa-
apa."

pelajaran membaca dan menulis tenggelam dalam
papan tulis hitam. tak ada yang bisa menghapusnya.

perjanjian dengan bayangan

(seorang membawa minyak tanah. dia ingin membakar bayangan).

    dia menyalakan lampu minyak di dinding. malam menjadi berlapis-lapis dalam rumahnya. dinding-dinding mulai bergerak oleh angin dalam cahayanya, memberikan jiwa lain pada cahayanya. ada yang mulai menjadi tidak nyata, yang mulai meragukan, yang melihat mulai dilihat dalam cahayanya. lampu memberikan cahayanya dari nyala api dan melukis lagi bentuk-bentuk di sekitarnya.

    lampu dengan semprong dari kaca sebelum retak. kubah kaleng bagian bawahnya menciptakan rahim untuk api sebelum bakar, sebelum asap membentuk jamur-jamur hitam pada payungnya. sumbu dari guntingan kaos, bau minyak tanah bercampur asap. dugaan belum selesai. semua menjadi tidak sendiri lagi dalam gerak cahaya lampunya. membuat tubuhnya menjadi ganda. bayang-bayang mengikuti setiap dia bergerak dalam gerak cahayanya. setiap bentuknya seperti memiliki napas. dia tidak pernah bisa membakar bayang-bayang itu.

    dia menyentuhnya dan bayang-bayang itu juga seperti menyentuhnya. rumahnya seperti mulai berganti menjadi rumah bayang-bayang.

setiap nyala lampu diperbesar, bayang-bayang ikut memperbesar dirinya. dia mencari dirinya agar lebih nyata dari lampu minyak itu. lampu dipadamkan dan semua menjadi tidak nyata. cahaya yang padam tidak menyisakan dirinya sedikit pun. dia nyalakan lagi lampu minyak itu. bayang-bayang mulai membuat pertemuan-pertemuan anarkis antara keyakinan dan keraguan. di manakah keduanya saling bertemu, seperti di manakah keduanya saling berpisah dalam cahaya yang sama.

malam dan kau yang mencari cahaya dan cahaya memberimu bayang-bayang. apakah api pernah berdusta pada cahaya. himpunan budaya surakarta, mementaskan *jalan ke bulan*, karya kuswanda saleh, di gedung wayang orang sriwedari.

pagi hari dia terbangun. sekumpulan asap hitam telah membentuk jamur-jamur hitam dalam kedua lubang hidungnya. dia tidak tahu, janji apa yang telah dibuat dirinya dengan bayang-bayang sepanjang malam itu.

seorang bayangan mematikan lampu minyak. sebuah gelap membawanya pergi.

rumah kata

huruf b tidak boleh ditulis dengan huruf p terbalik. ibu mengajarinya membaca. setiap huruf terbuat dari rangkaian patahan lidi. dia mulai belajar setiap kata adalah sebuah bentuknya sendiri. "kamu cukup memegang 26 huruf untuk hidupmu," kata ibunya. setelah itu dia mulai merasa ada seseorang yang sendirian tumbuh dalam dirinya. bersama huruf-huruf dan bentuk mereka yang aneh untuk menjadi temannya.

huruf bertemu huruf menjadi kata. konsonan dan vokal-vokalnya agar kata tidak mati. dia tak tahu kenapa 26 huruf bisa melahirkan ribuan kata. patahan lidi di atas meja bertambah banyak, tak bisa menjangkau ribuan kata dan kalimat-kalimatnya. mereka menjadi begitu ramai dalam rangkaian patahan lidi. dia membaca dan menulis kembali huruf-huruf itu, seperti keluar masuk di dalam rumah kata. sebuah bangunan yang terus berubah dari rangkaian patahan lidi. setiap dia membaca huruf-huruf itu dengan berteriak, ibunya meletakkan jari telunjuk di atas bibirnya: "jangan berteriak begitu. rumah kata-katamu akan runtuh," kata ibunya. dan bangunan lidi itu rontok.

setiap dia memejamkan mata, kata-kata itu datang kembali ke dalam dirinya dalam bangunan patahan-patahan lidi yang berantakan. dia mulai belajar melihat melalui kata. melihat pohon melalui kata *pohon*. melihat ibunya melalui kata *ibu*. tetapi ketika kata dari namanya sendiri muncul, dia tidak punya bayangan apa pun. sebuah bom waktu telah tertanam dalam otaknya.

- terbuat dari apakah lidi itu?
- dari tulang punggung daun kelapa.
- apakah pohon kelapa bisa membaca?

sejak itu dia mulai sering menggali tanah, mencari rumah pohon, mencari akar-akarnya. bertemu cacing. setiap cacing disentuh, tubuhnya akan mengeluarkan gerak lalu menyembunyikan lagi dirinya dalam geliatnya. menyelusup kembali ke dalam tanah. apakah menggali sama dengan membaca, bertemu rumah kata di mana-mana.

partai-partai tumbuh seperti sisa-sisa daging pada tulang ayam. pertengkaran-pertengkaran di daerah, tentara dan vila-vila dengan kolam renang. teater amatir muda mementaskan "manusia iseng" karya utuy di singaraja. di hari raya, di masjid agung bersama ibunya, dia menyalami presiden. tersenyum dalam mobil sedannya yang panjang. kopiah hitamnya seperti sihir tentang sebuah negeri yang sedang diciptakan. *the new emerging forces*. manipol-usdek menghadapi beras yang menghilang dari pasar, truk-truk sampah mogok, suku cadang menghilang dari kota.

(jalan-jalan kota digantungi poster-poster "bapak revolusi". pertengkaran a dan b di kantor-kantor hingga meja makan. organisasi negara diurai berkali-kali. ekonomi kota tersedot rapat-rapat politik). bachtiar siagian membuat film *turang*, sebelum kemudian terdengar api membakar pita-pita seluloid. suara gemeretak pita plastik dan *api* tak sempat bertanya: apakah kata-kata bisa terbakar?

seekor burung jatuh dan mati di depan pintu rumahnya. dia mengambil sapu tangannya, membungkus burung mati itu, dan menguburnya. potongan-potongan lidi disusunnya seperti pagar di atas kuburan burung. dia merasa telah mengubur burung itu di dalam rumah kata-kata.

tapi hingga kini, dia tak tahu, di mana alamat rumah kata-kata.

kepada paduka yang mulia

sebuah kampung
di mana-mana

(gubuk-gubuk pemulung membuat malam
dari barang-barang bekas). ingatkah kau
tentang embun di pagi hari, dan bau karat
besi rel kereta. tiang sinyal dan kereta langsir.
sobekan uang ditambal kembali dengan nasi.
malam seperti kesunyian-kesunyian bekas, dan
kereta menabraknya. telapak tangannya selalu
tergenggam erat setiap tertidur, batas antara yang
lepas dan hilang.

sampah telah dipilih untuk dijual kembali. *kertas,
kardus, seng bekas*. penjual bandrek. suara-suara
malam bertaring dan tak memakai celana dalam.
derit gigi dan dengkur tetangga di sebelah rumah.
lampu 15 watt dan bantal tenggelam dalam suara
ronda malam. belati telanjang. gang-gang gelap
menjaga pemabuk pulang. kesadaran seperti sisa-
sisa tulang ikan di atas bantal.

siang hari dia selalu berpapasan dengan pintu-
pintu terbuka tetangganya. selalu perempuan
dan selalu anak-anak. bekas bau lelaki yang
kebanyakan daun bawang. saling berbagi adalah
saling berpapasan, agar rumah-rumah tidak saling
tabrakan. agar berjalan tidak tabrakan dengan
berhenti. papasan adalah bukan tabrakan. agar
sesama tetangga saling rukun, saling mengintip

makan siang masing-masing. mengerti: gubernur dan parlemen tidak pernah berkunjung ke sini. mencatat kasur yang kapuknya keluar mencari udara segar. tidak kuasa menjaga mimpi-mimpi yang hilang.

nasionalisme membutuhkan lapar, nasionalisme membutuhkan kemiskinan, nasionalisme membutuhkan teriakan dan hotel indonesia.

di dalam koper, tersimpan pelajaran berdoa sebelum tidur. jakarta. hujan. becek. rambutan berhadap-hadapan dengan duren. trem. pasar baru. kain tetoron dari cina dan india. jalan-jalan berlubang. sewa tanah. rentenir berdiri di atas genteng rumah. jam malam, tiang-tiang listrik tanpa listrik. semua yang dilakukan orang dewasa seperti bawang merah yang tumbuh dalam koper bekas.

orang-orang mendengarkan radio, mengintip seorang presiden sedang bercerita tentang garam yang rasanya asin, air laut yang dijemur dalam pidato-pidato politik. batu baterai harus diganti lagi. bawang merah menutup lemari makan. anak-anak mulai menyanyikan *kelelawar hitam* koes plus sambil memukuli panci, penggorengan, ember kaleng, gitar dan harmonika. link: https://youtu.be/sLxHbE33L8M. malam turun sangat rendah, 1cm di atas kecemasan.

dia melihat tubuhnya sendiri. bentukan daging mentah yang tidak beda dengan orang-orang di sekelilingnya. bentuk yang rasanya belum ada

bungkusnya. daging mentah dan gelembung-
gelembung halus terus bergerak dan berubah.
tidak saling terekat. bertahan untuk tidak
berlepasan dengan cara terus bergerak. licin yang
menggeliat di antara gelembung-gelembungnya.
daging mentah yang selalu mengenakan baju kodok
yang bentuknya seperti tubuh kodok.
sebuah kantung terjahit tepat di tengah pusarnya.
matanya jernih dan malu-malu, menyimpan
separuh inti kecemasan.

di situ kebudayaan menjadi bangsat. di situ, kau
bisa melihat sampah negara saling memakan
sampah yang lain. menjadi bangsat, kataku,
sambil mulai mengerti teman-temannya sering
dipukuli orang tuanya. anak-anak lahir dari vagina
yang tidak bisa marah. buah dada yang tertinggal
dalam baskom cucian kotor.

hari ini, tempayan yang sudah 10 tahun menjadi
tempat menyimpan beras kami, mungkin masih
menyimpan bau beras yang bisa dimasak. suami
tetangga memukuli istrinya, tidak mengerti: apakah
uang terbuat dari keringatnya, apakah
uang terbuat dari vagina istrinya. mata anaknya
bolong, menyimpan lubang untuk semua omong
kosong tentang manusia.

dia naik ke atas meja. dia ingin memanjat hujan,
dia ingin memanjat tetesan air dari atap rumah
yang bocor. air got masuk ke dalam rumah
bersama air hujan. waktu berjalan limbung dari
gang ke gang.

ibu mulai mengajarinya menyulam bunga-bunga
untuk taplak meja, sarung bantal, sapu tangan.
kain dibentang dalam lingkaran kayu yang bundar.
benang dan jarum timbul-tenggelam di luar dan
di dalam kain. sulaman bunga-bunga tumbuh
di permukaan kainnya. bernapas dalam jalinan-
jalinannya.

dia sedang menciptakan sebuah kampung di atas
sapu tangan, dan kini ada di atas meja makanmu.

angin di mana-mana.

dna waktu

ketika aku melihat sepatu yang akan kukenakan, sepatu itu juga melihatku. apakah aku melihat dari *luar* atau dari *dalam*. sepatu sudah terpasang di kakiku, dan kami berjalan, dan kami tidak lagi saling melihat: *hallo*.

semua sudah berbenah. akan bergegas. barang-barang dan semua anggota keluarga. tiket kapal laut dan surat jalan. keluarganya pulang kampung dengan sebuah kapal besar. apakah laut?

gudang-gudang. kuli-kuli barang dan bau semua bangsa. barang-barang membangkitkan siapa dirimu, sekian kilometer setelah batas laut menuju gerbong-gerbong kereta, ke tongkang-tongkang sungai ciliwung. musim yang lain, bahasa yang lain. jangkar dilepas ke dasar laut. rantai besi ikut menyeret kesunyian benda-benda ke sarang gelombang. misteri dibangkitkan untuk melawan kenyataan. imaji-imaji melihat makna: batas kegelapan antara lukisan dan puisi. jangkar dilepas ke dasar bayangan.

tubuh kapal telah dilepas dari dermaga, seperti badak bercula satu dilepas dari tatapanmu. pluit berbunyi. tanjung priok, dermaga
dengan dinding-dinding beton menghadang laut. 143 tahun lalu, dibangun pada masa pemerintahan johan wilhelm van lansberge di batavia.

sebuah pulau besi mulai bergerak. aku berlari di atas geladak, dari buritan ke haluan kapal. perahu-perahu sekoci tergantung, kapal mengangkat kapal. dia merasa dirinya selalu ingin jatuh ke dalam hisapan laut. gravitasi rahasia dari bawah ombak, cahaya bulan dan kesunyian bergaram. barang-barang dalam palka sedang menciptakan kemungkinan hari esokmu.

Pelabuhan Tanjung Priok. Foto: Koleksi KITLV Leiden

dia berangkat menuju kampung ibunya di bukit tinggi. perjalanan pertama untuk bertemu nenek. daratan mulai menghilang. batas kabur antara yang berbatas dan tidak berbatas. bertemu dengan jarak yang penggaris tidak bisa mengukurnya. di setiap lantai kapal, geladak yang limbung. orang-orang dengan koper kulit, karung dan keranjang-keranjang bambu. tubuh-tubuh kekar dan tatapan yang mulai dikuasai laut.

kapal itu untuknya begitu besar. dia ingin tahu dalamnya laut dengan seutas tali. ayah menggendongnya di atas kepalanya. membawanya melihat laut lewat jendela kapal berlubang bundar. dia menjulurkan tali ke lubang itu. tali itu bahkan tak cukup panjang untuk bisa menyentuh laut. dia merasa sudah berada di atas laut, tetapi laut tetap tak tersentuh. puncak-puncak ombak pecah pada dinding haluan kapal.

malam hari, hujan turun. laut adalah gelombang kegelapan. ombak seperti kumpulan buaya-buaya hitam, mengintai dan memburu kapalnya. sekumpulan burung melintas, mereka yang terbang seperti

67:1 proposal daging mentah

mooi indie

warna *hijau* untuk sawah. pada saat yang sama
warna *biru* untuk langit dan laut. di sebuah pintu,
warna *merah* untuk buah. dan dia berjalan keluar,
warna *coklat* untuk tanah dan pohon. di dalam
sebuah rumah, warna *putih* untuk bunga dan
kabut. ada tiang-tiang listrik menjauh. pada saat
yang sama dia sedang menggambar gunung di
kertas gambarnya.

pada saat ayam berkokok, gunung itu meletus. dia
heran, di dalam kawah bekas letusan gunung, dia
melihat ratusan ribu mayat dengan luka *tembak* dan
tikam.

januari cap panah

robert oppenheimer mati. interaksi sebuah berat akan lepas dari medan gravitasinya. bintang tua jatuh dari orbitnya dan mati. john wheeler memperkenalkan *lubang hitam* dari berbagai perilaku benda di ruang angkasa. di manakah pusat. apakah pusat. apakah 1 cm sama dengan 10 gram dari berat tatapanmu. 1967 yang mau keluar dari garis waktu.

mati listrik

kemarin. seluruh alat komunikasi tiba-tiba
menjadi hari jumat. seluruh koran tidak terbit
menjadi hari jumat. orang-orang digeledah
menjadi hari jumat. nasi bungkus digeledah
menjadi hari jumat.

cabe dan bawang merah digantung di depan
pintu masuk. sesajen untuk fiksi politik.
setelah itu seluruh tahun adalah hari jumat.

timelines of history menulis:

1967 In Indonesia Pres. Sukarno was placed under house arest and Suharto became acting president.

1967 Freport-McMoran Copper & Gold Inc. arived in Indonesia. The government was given a 10% stake the world's largest copper and gold deposit.

mesin tik di malam hari

(seorang lelaki membawa bom di otaknya. mayat yang membusuk. serpihan-serpihan daging dalam parit persembunyian. mata ketakutan dalam rentetan peluru dan kobaran api. siegfried sassoon, penyair perang, mati tahun itu. tentara inggris dalam perang dunia. sebuah realisme gas beracun tertinggal dalam buku puisinya). rené magritte mati di brussels, tentang burung gagak menatap istana yang terbakar dari jendela istana yang terbakar.

museum kabinet

AFRIZAL MALNA 70

/ lisensi /
/ batu bara /
/ pltu /
/ regulasi /
/ infrastruktur /
/ minyak /
/ anggaran /
/ kontrol /
/ properti /
/ sawit /
/ keamanan /
/ komisi /

mulut-mulut yang berubah

dia sedang memasak cairan pewarna di dalam panci, merebus kaos dan besok dia akan memakai kaos baru dari kaos *lama*.

waktu ditentukan ketika bedug berbunyi. kampung itu hanya dilintasi sedikit matahari, di antara bayangan waktu lorong-lorong gang. pintu bertemu pintu. jemuran bertemu jemuran. bau kecoa dan keringat tikus. jakarta baru ada ketika dia berdiri di mulut gang: becak, oplet, pedagang dengan pikulan di bahu. kemiskinan masuk dari luar dari dalam dan sudah tiba di meja makanmu. "inilah takdirmu, jangan cerewet."

kampung itu bernama gang tongkang. memanjang dengan dua mulut berbeda, sedikit berkelok pada mulut yang lain: mulut pertama harus menyeberang, lurus ke pasar senen, satunya lagi menuju ke tanah tinggi. sebagian tanah kampung dikuasai tuan tanah. orang harus menyewa tanah untuk mendirikan bangunan di atasnya. "aku lahir di rumah sakit mampang prapatan," katanya, sambil mengusap lelehan ingus di hidungnya.

di depan mulut itu, terparkir puluhan truk dan warung-warung kopi. truk akan mengangkut lagi barang-barang dari stasiun senen ke sumatera. dia kadang masuk ke dalam kolong truk, mengintip hari esok di mulut gang. ekonomi berputar dari pantat panci ke rem blong bis kota yang menabrak tiang listrik.

mulut satunya lagi menuju kampung-kampung tua dari tanah tinggi 1 sampai 12. deretan bilangan yang membatalkan bukit menjadi tanah tinggi. kampungnya seperti "pipa penyumbat" dari arus geografi politik yang sedang berubah, terlalu berisik antara suara-suara lama dan baru. dinding-dinding bilik dan kayu, cat kapur sirih yang sedang berganti tembok, seng dan kaca.

kampung dikelilingi penjual radio bekas, dinamo, telur kodok dan minyak tanah. dia tidak tahu kenapa kampung itu bernama tongkang. kampung lain dengan nama bunga dan wayang. gang

Pembongkaran Gg. Tongkang bagian rel kereta api Senen. tribun images, 9 Desember 2013. Warta Kota/Angga Bhagya Nugraha

arimbi, seorang kritikus sastra hb. jassin dan *pengadilan imajinasi*. di kemayoran, benyamin s mengangkat gambang kromong di tengah rock'n'roll sedang mengubah anak-anak muda.

air di bawah lapisan tanah kampungnya hitam berbau busuk. mungkin kampung itu sebelumnya rawa-rawa mati. burung belibis, badak, babi, buaya: apakah semua yang manis dari masa lalu adalah gula dalam pahitnya. dan ke stasiun senen lagi. setiap kereta berhenti, orang datang dan pergi dengan buntalan di pundak, membawa berbagai bahasa. orang datang dan pergi, membawa berita tentang anak-anak yang sekolah atau berdagang. mereka datang dengan sebuah lubang berisi impian. tapi kota ini tidak pernah mendaftar mimpi-mimpi mereka.

"kau harus punya *surat kelakuan baik untuk hidup*," kata ibunya. "kau harus membuatnya ke kantor polisi dan kecamatan. kalau tidak, kau adalah kecoa yang tidak terdaftar di kota ini."

kampungnya diapit bangunan pertokoan dan gedung wayang orang adiluhung. kwitang, kwini, kramat senen, poncol, bungur, kramat pulo, sentiong .... wilayah yang dirajut arus penjualan barang bekas, film-film mandarin dan india. keluar-masuknya barang, manusia dan bahasa saling meretas. pertukaran politik, cinta dan seniman-seniman senen. *beranak dalam kubur*, suara lolongan anjing dalam sandiwara miss tjitjih. bulan purnama dan bau bangkai.

kampung itu jadi tumpukan paling bawah dari hisapan kawasan pusat kota yang terus berubah. bau bensin mengejar anak ayam. kampung adalah pertunjukan tidak pernah berhenti sepanjang 24 jam. kucing di atas kompor, mengincar kolong tempat tidur, persetubuhan di loteng panas, nyamuk merobek sarang laba-laba. tukang patri panci bocor. gerobak-gerobak membawa air bersih. suara kartu domino di atas meja. kepinding di balik jahitan celana. lalat dan jimat di atas pintu. setiap perkelahian terjadi di kampungnya, dia tinggal hanya 12 % sebagai aku.

kampung adalah cerita pintu menatap pintu lain. perempuan duduk di mulutnya, saling mencari kutu di rambut dan memakannya. *kluk*, bunyi kutu mati dalam jepitan giginya. anak-anak menciptakan permainan dari gang ke gang; perempuan menampi beras, ayam menunggu kulit gabahnya. jemuran celana dalam, kutang, bantal busuk bertemu jemuran nasi basi. kampung yang akan memberimu warna yang tidak pernah diciptakan oleh pabrik cat. kampung yang akan memberimu berbagai aroma yang tidak ada dalam museum parfum. bau lembab cucian belum kering. logistik untuk hari esok yang buntung.

"mie kocok ... mie kocok ..." apakah kamu punya surat kelakuan baik?

adorasi kembang api

(letnan kolonel eyadéma melakukan kudeta
di togo, afrika. kolonel george papadopoulos
melakukan kudeta di yunani. paus paulus vi
merayakan hari perdamaian dunia di roma. perang
vietnam sudah berhadap-hadapan di segitiga besi,
saigon. yaman merdeka. diktator nicolae
ceausescu menguasai rumania. kudeta di sierra
leone, di iran. bentrokan para pekerja dan polisi di
hong kong).

> *"ketakutan adalah pisau lipat,*
> *terselip dalam buku harianku."*

kampung itu, sebuah dapur untuk lahirnya
masyarakat baru. kampung itu, sebuah dapur
untuk lahirnya dunia baru. tetapi kampung itu,
sebuah dapur yang terperangkap dalam sampah
dan asapnya sendiri. --> tahun itu, 1967, bukanlah
sebuah pistol yang ditembakkan seseorang
yang bersembunyi dalam dirimu. louis leakey
menemukan fosil pra-manusia di kenya. 1967.
sebuah evolusi terus berlangsung antara yang
hilang dan ditemukan kembali.

kampung akan ramai dengan suara petasan setiap
terjadi pesta perkawinan, sunatan, malam tahun
baru. *dar der dor.* membersihkan setan-setan yang
bersembunyi dalam doa-doamu. kembang api
diledakkan, melepaskan ketakutanmu ke langit.
tapi kampung itu sudah lama tidak punya langit.

terjepit antara atap-atap rumah. menyembunyikan
nasibmu dari bintang-bintang dan layang-layang.

aku memompa air ke dalam baskom. orang
menyebutnya "pompa kodok": rangkaian besi
yang berbunyi setiap air disedot belasan meter
dari lapisan tanah di bawahnya. cucian telah
disiapkan. sabun batang telah disiapkan. dinding
kamar mandi dipenuhi ember-ember, baskom
dan gayung plastik tergantung. sebuah gentong
menyimpan air bersih. anak-anak ikan mas
berenang-renang dalam bak mandi. sinar matahari
batal menembus genteng kaca yang buram.

kampung sepi. orang-orang mudik, pulang ke
kampung asal mereka dilahirkan. bulan puasa
telah berlalu. di dalam cucian kotor, aku seperti
masuk ke dalam buku harian sebuah keluarga
yang lain. cucian yang telah dilepaskan dari
tubuh pemakainya. mengenali hari-hari mereka
dari keringatnya tentang hari kemarin, berganti
bau sabun cuci tentang hari esok. papan gilas
telah disiapkan, seperti jembatan kayu berjeruji
mengantar cucian untuk bersih.

(meletus. kerusuhan hitam di new jersey.
kerusuhan hitam di detroit, illinois, memphis,
milwaukee, washington. rasialisme berpapasan,
tabrakan antara kemiskinan dan ketimpangan.
blues dan jazz seperti musik para dewa yang turun
ke jalan-jalan). tahun 1967 tabrakan dengan pintu
rumah. carl stokes, terpilih sebagai walikota kulit
hitam pertama di ohio.

kampung itu lelah hidup dengan cara memakan
dirinya sendiri. kami selalu punya uang, entah
dari mana. meledakkan kembang api, agar
kami merasa masih punya langit. elvis presley
menyanyikan *how great thou art* --- allen ginsberg
ditangkap untuk flower power dan perdamaian.

adorasi, adorasi, untuk semua kembang api yang
mencari langit.

galeri *don't* forget

AFRIZAL MALNA

Pasar Pagi di Batavia tahun 30-an. Warung makan, pedagang roti di Jakarta tahun 1950-an. sumber: Tropen Museum, Nederland Foto Museum, pinterest.com. "Don't Forget" judul dari lagu "tukang sayur" Benyamin s.

kutukan kartu pos

kemiskinan menciptakan kelaparan. apakah *revolusi membutuhkan kaum tertindas*. kelaparan menciptakan radikalisasi. puisi bergerak di luar mesin cetak. pagi itu. *musim semi tidak tahu apa-apa tentang buku harian yang tidak pernah ditulis*. pagi itu yang bukan pagi lagi. 1967. kebodohan dan ketakutan menembak che guevara di bolivia. havana berduka. seseorang mengabadikan topinya. kuba berduka. budapest dan praha menyalakan lilin, berlin rusuh. apakah sebuah *kartu pos bisa mengutukmu*. puisi-puisi neruda dan lorca membuat teritori baru, sinyal-sinyal puitika, tempat menyimpan kunci untuk spiritualitas kata-kata.

> *rolling stones*
> *supremes*
> *beatles*
> *doors*
> *bob dylan*
> *aretha franklin*
> *grateful dead*
> *monkees*
> *elvis presley*
> *beach boys*
> *bee gees*
> *jimi hendrix*
> *cream*
> *pink floyd*
> *moody blues*
> *david bowie*
> *janis joplin*

pop art dalam mug kopi. hubungan diplomatik dengan republik rakyat tiongkok diputus. undang-undang investasi asing diluncurkan lewat siaran niaga tvri. 1967 di sini. arifin c. noer mementaskan *caligula* albert camus di yogya: *"aku masuk ke dalam sejarah ... aku masuk."* dan sejarah membunuhnya.

sejak usia berapakah seorang anak mulai mengingat? sejak dia tahu, tangisnya adalah perangkap di luar kata. mantra yang dihuni oleh lapar. dia mencoba melihat dirinya melalui kelahiran adiknya. daging mentah menggeliat. hanya bisa menggerakkan tangan dan jari-jarinya. seluruh wajahnya meloloskan diri dari matanya yang masih terpejam. bayi balutan kulit halus merah di tubuhnya, seprai putih popok putih. menggoda orang memeluk dan mengendongnya, mengulum jari-jari tangannya yang selalu tergenggam. kemurnian yang membuat orang ingin bertanya: *kapankah pertama kali dia menangis.* bayi yang kencing dalam pakaian dan tempat tidurnya sendiri. kemurnian yang belum memisahkan antara dirinya dengan kotoran yang dibuang dari dirinya. 1967, tahun yang mencari bayangan di atas mesin cetak. filsuf nicolaus driyarkara mati di ungaran. kita adalah makhluk sosialitas, katanya. datang dari nyanyian tentang cinta dan waktu, bukan dari padang perburuan mata rantai makanan.

sartre dan andré malraux menatap régis debray dalam penjara. (*apakah revolusi membutuhkan medium, sinyal-sinyal ilmiah dalam kategori-kategori perbedaan sosial*). pesawat luar angkasa, surveyor, untuk pertama kali terbang rendah di permukaan bulan. planet cinta tak berpenghuni. tangisan adiknya menyusun kembali masa bayinya sendiri. mencari kembali jalan hilang antara vagina dan rahim ibunya. hidup yang datang dari tubuh orang lain dan dibesarkan dari tubuh orang lain.

(apakah yang dilakukannya ketika usianya menginjak 10 tahun). sepotong kayu terapung-apung di atas sungai. tidak bisa berdiri tak bisa duduk. air sungai selalu bergerak, tetapi sungai sendiri tak bergerak. *the joke* -- novel pertama milan kundera terbit di cekoslowakia. tentang seseorang yang dikutuk kartu pos. tentang seseorang kehilangan haknya menjadi seorang revolusioner. tentang novel yang menggeledah lelucon-lelucon filsafat.

"hari ini musim semi telah dibatalkan."

sebuah jantung
jakarta di batavia

jantung itu terbuat dari sebuah pasar. lampu
petromak di mana-mana. malam dan bekas hujan.
"*diobral, diobral*, buku bekas, kaos oblong, sandal
jepit. *diobral*. kerudung, kutang, celana dalam
diobral. gunting kuku, jarum, benang, peniti, siapa
mau beli." --> kota adalah peta terakhir untuk
melupakan dari mana asalmu.

pemberontakan teater modern bung muscar
dari buku bekas. ajip rosidi teriak-teriak di atas
sepeda berlari kencang: "misbach-misbach,
puisimu dimuat di majalah *siasat*." muslim thaher
mendirikan akademi akuntansi dari teater bekas.
1967. iwan simatupang petantang-petenteng
mau bikin film *penyakit kita semua*, dan batal.
kangkung, bayem .... jengkol, pete. seniman-
seniman senen sudah biasa membatalkan hari
senin di hari minggu. "ada buku *death of a salesman*
arthur miller di toko buku loak nasution."

*es sirop, kepala ikan, dendeng kering di restoran
padang. telur asin, tempe goreng, kacang buncis* di
warung sunda. kue putu, pedagang kopi, kacang
rebus. malam berbau bedak tebal, aspirin dan
pinisilin. pengemis dan sisa-sisa kaki buntung
bekas kusta. tukang pijat dengan mata bolong,
bunyi kaleng berisi batu menyusuri lorong-lorong
malam. bang pi'i dan anak buahnya dari gembong
cobra. udara panas dari lampu petromak, garis-

garis kaca pada lampu petromak. lingkaran laron berputar, sayapnya berjatuhan dan mati dalam lingkaran lampu petromak.

pasar senen, jantung yang terbuat dari *elu* dan *gue*. tempat para perantau memburu perubahan. sebuah wilayahnya diberi nama sebuah galaksi yang belum pernah ada: *planet senen* nama galaksi itu. sebuah wilayah malam dalam gubuk-gubuk dan bangkai gerbong kereta. bila malam tiba, mereka menjadi tubuh yang lain: "akulah malam yang menciptakan para lelaki di antara bintang-bintang purba." bau bandrek dan alkohol murah. mereka adalah logistik untuk belajar bermimpi jadi manusia. mereka adalah logistik untuk menjadi modern. menjadi seorang kebebasan di antara tukang catut dan malam-malam tanpa ronda.

yustinus vinck, arsitek yang membangun pasar itu, 1735, hampir tiga ratus tahun lalu. pasar yang tubuhnya terus dioyak-oyak, dibakar, dibangun kembali untuk perubahan modal, penyaluran barang-barang dan manusia. tukang cukur dan pengasah gunting. bagaimana para manusia baru ini tercipta, tidak terlalu jauh dengan magnet kota antara stasiun kereta, pasar, revolusi dan kenekatan. setiap *elu* dan *gue* yang tersesat di masa depan.

pedagang batu cincin, judi dadu, tukang ramal dan racun tikus. pemungut puntung rokok dengan karung di punggungnya. di depan bioskop grand, seorang lelaki berdiri di bawah poster film koboi, menghisap puntung rokok, sambil membayangkan sebuah perampokan mimpi-mimpi liar. (barclays bank, 1967 itu, mulai membuat mesin *teller* otomatis pertama di london utara). gubernur ali sadikin sedang mengubah kota. 29% anggaran kota dipungut dari perjudian. *pembangunan*, *efisiensi*, mulai mengubah poster-poster "bapak revolusi". film nasional mulai meleleh di bawah film-film india.

(seorang anak masuk ke dalam kelambu tidurnya. dia membayangkan di atap kelambu itulah tuhan tinggal). jakarta diriset, disurvei, ditabulasi dalam tabung-tabung populasi menjelang 4 juta penduduk kota.

ibu-ibu mulai berhadapan dengan spiral untuk keluarga berencana, menjaga vagina mereka dari benda-benda asing. setiap-aku mulai terkurung dalam *kartu keluarga*. belok kiri dari bioskop rex ada jalan melati. modernisasi kemudian menggusur dan menghancurkan sang legenda.

proyek senen, pusat pertokoan modern waktu itu, mulai dibangun. ketika hujan turun, kolam-kolam betonnya berubah jadi kolam renang. anak-anak kampung berenang-renang dalam kolam itu. berita anak hilang mulai sering terdengar. kepalanya dijadikan tumbal untuk bangunan bertingkat, *katanya*. hantu dan ketakutan yang aneh mulai ikut dibangun bersama semen dan besi-besi beton. gedung sarinah dipenuhi pengunjung (*bukan untuk belanja*). tapi untuk mencoba eskalator pertama di kota. *naik* dan *turun* di atas tangga berjalan tanpa *berjalan*.

Pasar Senen. Sumber: Tropenmuseum

(seorang anak masuk ke dalam daster tidur
ibunya, bermain kelereng di dalamnya. bau
ibunya yang tersimpan dalam daster, menyusun
lagi dirinya sebagai seorang daging mentah. dia
merasa mulai bisa bernapas bersama semua
makhluk yang tertanam dalam tubuhnya. sejak itu
dia tidak mau keluar lagi dari dalam daster ibunya.
sebuah peta terakhir, untuk berhenti memandang
dirinya sebagai seseorang).

pasar terus bergerak dan menciptakan dirinya
sendiri dari kapal barang, kereta api, truk, oplet
dan becak. misbach yusa biran mementaskan
teater *30 menit menjelang neraka*.

seorang anak, yang selamanya berusia 10 tahun,
membawa jantung sebuah kota, masuk ke proyek
senen. membeli sebuah kelambu dan daster.
menatap simpang-siur lalu-lintas masa kini, jalan

raya yang telah bertingkat di senen, berusaha
membangun kembali masa kanak-kanaknya di
atas restoran ayahnya yang telah jadi jalan raya:
rumah makan setia, dan hancurnya sebuah kongsi,
piring keluarganya pecah di bawah runtuhan
tembok kota, anak-anak yang jadi orang asing di
kota tempatnya lahir.

dia meletakkan jantung itu dalam sebuah puisi,
yang dirancang untuk semua yang telah hilang.

piringan hitam
setengah telanjang

seorang perempuan sedang menjadikannya lelaki dalam bayangan a dan b yang bukan tata bahasa.

sebuah kamar kosong rumah tetangga digenangi air got menghitam. bangkai tempat tidur besi, kursi rotan, pintu runtuh dan bantal membusuk. di kamar lain, bantal bersarung mega mendung, kasur dengan seprai mega mendung, foto taruna muda mega mendung pada dindingnya. dan bersama jam di atas meja, botol-botol parfum, untaian kalung, obat nyamuk dan obat cacing.

seorang perempuan tinggal dalam kamar mega mendung itu. senyumnya selalu menawarkan mega mendung. dia menyapu rumah dengan mega mendung, menjemur rambut dalam sebuah pagi mega mendung. tubuhnya cokelat bercahaya. perempuan itu sering meminjam piringan hitamnya sambil mencubit pipinya. dia tak tahu kenapa perempuan itu sering mencubit pipinya. ada mangga dari cipanas di mejanya. jendela kamar ditutup.

dia datang lagi ke rumah perempuan itu untuk mengambil piringan hitamnya. jendela kamar telah dibuka. dia melihat perempuan itu dan lilies suryani sedang bernyanyi tentang *tiga malam aku mencarimu*. piringan hitam berputar. pagi telah membuka jendela dan memeluknya. dia datang lagi ke rumahnya dan perempuan itu melepas kait kain batik yang membungkus tubuhnya. mencubit pipinya, lari ke dalam piringan hitam dan menghisapnya. apakah piringan hitam, apakah kain batik dan berputar. dan dia datang lagi ke rumah itu.

perempuan itu melepas rambut panjangnya, dan seperti merancang kembali tubuhnya antara a dan b dalam bilangan tak terbagi. dia tidak tahu kenapa perempuan itu bisa berkali-kali menciptakan tubuhya di atas piringan hitam. dia mulai melihat foto pengantin ayah dan ibunya pada tubuh perempuan itu. dia melihat foto kakek-neneknya. dia melihat fotonya masih bayi, tengkurap di atas kasur kecilnya. sebuah pulau yang mengapung di antara dunia orang dewasa.

dia melihat sebuah peta mulai tercipta antara jarum yang mengikuti garis-garis melingkar pada piringan hitam. bekas sayatan-sayatan jarum di atas lempengan piringan hitam, sebuah jalan antara musik di dalam dan di luar tubuhnya. dan air panas dimasukkan lagi ke dalam termos.

perempuan itu bukan ibunya. mengajarinya setiap bentuk kehidupan dalam tubuhnya adalah dirinya juga. mengajarinya rahasia purba antara tubuh a dan b yang bukan tata bahasa. (pu yi, kaisar terakhir tiongkok, mati dalam sejarah yang bukan piringan hitam. marshall mcluhan menerbitkan *the medium is the message*, tahun itu yang bukan mega mendung).

piringan hitam terus berputar. jarumnya mulai keluar dari lingkarannya. perempuan itu menatapnya dari dalam, sebuah sihir bulu mata, menciptakan sebuah peta baru di tubuhnya.

atas nama listrik dan 2 X 24 djam

tubuhnya demam. dia terharu di antara demam. dia terharu di antara rasa panik yang datang begitu saja setelah kabel-kabel masuk ke dalam rumahnya. tombol-tombol dipasang di dinding. rumah seperti disuntik di sana-sini. bola-bola kaca kecil mulai digantung di antara kabel-kabel. dia terharu dengan cara panik, hampir gila membayangkan listrik masuk ke dalam kata-kata dan fiksi menyala, kenyataan padam. tombol-tombol listrik menjadi awal dan akhir cahaya. *klik*: on-off. orang-orang seperti berganti dengan tubuh baru di bawah cahaya pijarnya. musim panas listrik musim hujan listrik. waduk jatiluhur bergetar. sungai citarum dibendung. molekul-molekul yang meledak dalam butir-butir air. desa-desa tenggelam. mesin-mesin turbin mengguncang bayang-bayang. *strum*. kota dalam kaca dan petir. kabel-kabel membuatnya kembali bertanya, apakah cahaya adalah rumah untuk segala gerak berhenti dari kecepatannya, segala rahasia berhenti dari pertanyaannya. setiap malam rumahnya seperti merayakan siang yang belum pernah ada. semua peralatan rumah berganti. seperti ada makhluk baru dalam peralatan itu. meteran listrik tidak pernah berhenti berputar. konsumsi menggedor seluruh pintu rumah untuk tidak pernah ditutup, untuk tidak tidur sepanjang waktu. di meja makan, senda gurau keluarganya mulai tidak bisa menutupi sebuah lubang yang kian membesar lebih besar dari lubang itu sendiri. orang-orang keluar dan masuk ke dalam kulkas, orang-orang keluar dan masuk ke dalam kipas angin, orang-orang mondar-mandir dalam tv setelah

lapangan banteng, pulo gadung dan cililitan. dia
merasa kotanya sedang tumbuh menjadi pabrik masa
depan yang gila. banjir, kebakaran, harga
minyak dan telur ayam jadi politik. gabriel garcia
marquez menerbitkan novel *a hundred years of
solitude*. listrik menghentikan waktu, sejarah
berhenti dan menjadi hantu 7 generasi dalam
kabel-kabel listrik. para narator bersembunyi pada
awal cerita dibuat. bing slamet main dalam film
2 X 24 djam. sebuah bahasa sedang diubah dari
"*2 X 24 djam*" menjadi "*2 X 24 jam*". aku berikan
padamu, sebuah buku di bawah ini:

menjahit
benang kusut

membongkar baju, belajar menjahit baju. dan sebuah pola dari baju yang telah dibongkar. kain digunting mengikuti pola mulai dijahit. putaran di sebelah kanan mesin jahit mulai digerakkan, perlahan, kaki mulai ikut menggenjot pedal di bawah mesin jahit dan mesin jahit mulai bekerja. jarum bergerak turun-naik, mengeluarkan suara seperti kereta berjalan dari stasiun senen ke jatinegara.

benang saling mengait menyambung setiap potongan kain.

        benang kusut

                jarum jahit patah

kumpulan benang kusut menggumpal di bawah kain.

        kain tidak terjahit.

        benang mulai menjahit
        kusutnya sendiri.

        gumpalan-gumpalan
        benang kusut sedang
        merancang kemungkinan
        menjahit batu.

lubang jarum menunggu diputar. bergulat untuk
bisa menjahit senja pada bagian baju yang dijahit.
lubang kancing bergulat untuk bisa bermain
bola basket. jarum, benang, gunting, kain sudah
berkumpul mengelilingi mesin jahit, sore itu.

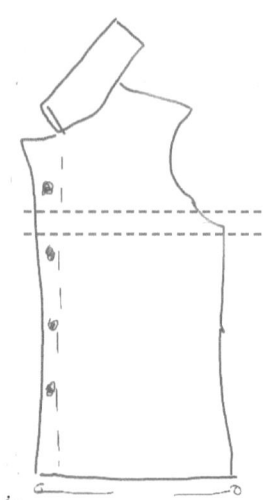

lubang jarum menunggu diputar. bergulat untuk bisa
menjahit senja pada bagian baju yang dijahit. lubang
kancing bergulat untuk bisa bermain bola basket. jarum,
benang, gunting, kain sudah berkumpul mengelilingi mesin
jahit, sore itu.

sore itu, buya hamka datang ke madrasahnya. akan
memberikan khotbah ramadhan setelah sholat tarawih.
kami buka puasa bersama. buya mengenakan selendang
menutupi tengkuk, punggung dan bahunya. kopiahnya
seperti sudah jadi kesatuan dengan kepalanya. tangannya
lembut seperti tak bertulang. dia duduk di sebuah kursi

dia mendengar khotbah itu dengan baju jahitannya sendiri yang dipakainya. tubuhnya hadir seperti gumpalan benang kusut dalam khotbah itu. baju itu seperti sedang mencekik leher dan bahunya. jahitannya telah memakan polanya sendiri.

seorang lelaki tua terus menyapu di halaman madrasahnya, setiap hari. membereskan bekas puing-puing bangunan. dia mulai tertarik dan membantu lelaki tua itu. berhari-hari dia ikut menyapu bersama lelaki itu di halaman madrasah. ternyata lelaki itu seorang pelukis, baharuddin ms namanya. mulai membawakan kertas dan alat-alat melukis untuknya belajar melukis. guru itu memang datang untuk mengajari anak-anak melukis. melukis dengan cara menyapu halaman madrasah. mengajari bagaimana melihat senja dalam cat air berwarna.

(affandi membuat mural di jefferson hall, honolulu, tahun itu. orang-orang menyebutnya sebagai "tangan tuhan". ada gandhi dan semar dalam telapak tangan itu).

dan dia mulai melukis. kertas kosong dan semua cat air berwarna putih. dia letakkan sebuah jarum patah di atas kertas kosong itu. sisa benang kusut menjuntai keluar melewati kertasnya.

dia -- *dia* tidak bisa membedakan antara melukis dan *menjahit*, antara membaca dan *membisu*. dan jarum jahit telah melewati batas yang harus dijahit.

mengendarai ketakutan

dua orang teman mengajaknya bolos sekolah -- untuk pertama kalinya. tiga buah sepeda mini keluar dari mulut gang, masuk ke jalan raya. melalui jalan gunung sahari lurus ke ancol. setiap bis melaju di belakangnya (suara mesin, klakson dan asap knalpot), keseimbangannya mulai goyah. setang sepeda berkeringat. jarak pedal dan jok sepeda mulai membuat batas baru dengan tubuhnya. ciliwung di kiri jalan, sungai yang pendiam itu, membuat tubuh lain tentang bau jakarta. kota yang tak pernah patuh pada banjir.

sebentar lagi dia akan menyelesaikan sekolah dasarnya. apakah "bolos" adalah mata pelajaran yang dilarang di sekolahnya? dia ingin belajar nakal agar kuat. di sekolah, saat pelajaran olah raga tentang bola kasti, adalah ketakutan yang menunggu di belakang punggungnya. saat memegang alat pemukul bola, keras dan panjang, saat menerima bola dan memukulnya. bola melambung dan ruang kosong harus direbut. saat berlari dan menangkap bola. semua seperti perburuan saling mengejar dalam putaranya. setiap mendengar bola menghantam punggung temannya yang berlari, dia merasa ada yang ikut pecah dalam dirinya. dia tidak memiliki apa pun untuk kuat.

di jalan raya menuju ancol, dia memasuki jalan yang lebih buas. dia mulai merasa tidak lagi mengendarai sepedanya, tetapi mengendarai ketakutannya sendiri. dia selalu berusaha menggunakan hanya sedikit jalan dari badan jalan agar tidak tertabrak, terus minggir hingga dia kehabisan jalannya sendiri.

pantai. dia ingin segera bertemu pantai. kenangannya pada pantai sampur, telah jadi gudang kontainer di tanjung priok. *yesterday's papers* dari rolling stones dan buih-buih pantai. ingatan bersama ibunya tentang pantai cilincing, tempat raffles pertama kali menjejakkan kakinya di tanah jawa untuk rempah-rempah dan barang antik. menembaki keraton mataram hingga lantainya berhamburan.

sebuah motor vespa tiba-tiba datang dan menabrak tepat di badan sepedanya. semuanya menjadi putih. yang pertama dilihatnya setelah itu adalah sepedanya. dia takjub melihat sepeda itu sudah tergeletak di tengah jalan. dia takjub melihat roda depan sepedanya sudah berubah menjadi angka 8. apakah pantai telah menabrak sepedanya. tsunami melanda tinambung. sebuah pantai melompat tahun itu, di sulawesi barat.

teman-temannya datang membelah perempatan jalan. dia berusaha bangun. dia tak tahu dari mana datangnya gagasan untuk bangun. apakah bangun? tangan kanannya sakit. dia melihat tulang di pergelangan tangan

kanannya sudah menonjol, mendesak keluar
dari dagingnya. temannya mengikat pergelangan
tangannya dengan sapu tangan. dia merasa telah
merusak mata pelajaran bolos pertama. temannya
menggendong sepedanya, menaikkannya ke
dalam kereta. yaitu bolos sekolah sebagai mata
pelajaran tentang bahaya.

pantai telah dibatalkan. naik sepeda telah
dibatalkan. rangkaian dinding besi dalam gerbong
kereta, mulai menyusun ketakutan yang lain.
penumpang gelap yang tak tahu di mana kereta
akan berhenti.

sebentar lagi dia akan masuk ke sekolah
menengah pertama. dia ingin membuang
rasa takut itu, membakarnya, menghapusnya.
kepada mimpi-mimpi yang mengajari ketakutan
yang tak nyata. tetapi rasa takut itu juga yang
mengajari tubuhnya berenang, rasa takut itu
juga yang mengajarinya naik sepeda, memanjat
rumah ke atap genteng. rasa takut itu juga yang
menciptakan tempat persembunyian dalam dunia
kanak-kanaknya. dunia yang tidak tersentuh
orang-orang dewasa yang terbuat dari banyak
tabrakan.

pensil-pensil
menulis berjatuhan

dia berlari dari rumah ke sekolah. pensil
berjatuhan dari dalam tasnya. dia berlari
dari rumah ke madrasah, belajar fiqih. pensil
berjatuhan dari dalam tasnya. dia berlari
dari lapangan sekolah ke dalam kelas. pensil
berjatuhan dari dalam tasnya. dia berlari dari
bangku sekolah ke meja sekolah. pensil
berjatuhan dari dalam tasnya. dia berlari
antara bahasa arab dan bahasa indonesia.
pensil berjatuhan dari dalam tasnya.

pensil-pensil itu berlari sambil menulis nama
teman-temannya. berlari dan sambil menulis
dia yang berlari dan pensil-pensil berjatuhan
dari dalam tasnya. dia ingin bolos sekolah,
dia ingin naik kereta, dia ingin tinggal dalam
sebuah kapal yang seluruh geladaknya
terbuat dari pensil. dia berlari sambil
menghafal bau harum rambut seseorang.

dia mulai tidak bisa duduk di rumah. dia
mulai tidak bisa makan di rumah. dia mulai
tidak bisa mandi di rumah. dia mulai ingin
masuk ke dalam rumah daun dan pensil-
pensil berjatuhan dari dahan-dahan pohonnya.
pensil-pensil berlari sambil menulis kata-
kata yang bermunculan dari tubuhnya, dan
anggota tubuhnya mulai berlepasan dari
tubuhnya seperti mencari kalian-kalian baru.

AFRIZAL MALNA

ada orang lain yang sedang tumbuh dalam dirinya dan sedang menulisnya dari pensil yang berjatuhan.

dia ingin mengatakan sesuatu bersama pensil yang berjatuhan. pensil-pensil itu tidak mau dia pegang. dia terus berjatuhan. pensil-pensil takut pada mata pelajaran bahasa. pensil-pensil itu seperti sedang membuat sebuah sumur untuk menjatuhkan dirinya. dan dia terus berlari. tahun itu, 1967, apakah kamu melihat dari samping. pesawat garuda 708 jatuh di manado.

dia heran tubuhnya mulai berubah setelah berkenalan dengan gergaji, tang, palu, paku dan obeng. dia mulai merangkai sebuah dunia di antara pensil dan gergaji. paku yang ditanamkan ke dalam kayu dan kayu terkait dengan kayu yang lain. saling berjanji untuk membuat lemari buku. saling berjanji untuk merahasiakan engsel dan kuncinya.

dia heran tubuhnya mulai berubah setelah berkenalan dengan mesin tik. dia mulai membutuhkan sunyi. dia mulai menelanjangi dirinya sendiri. dia mulai memandangi kemaluannya seperti ada makhluk baru dalam tubuhnya yang asing. dia heran dia tak tahu siapa yang sedang berlari di antara pensil, mesin tik dan gergaji. dia heran dia tak tahu siapa yang sedang berjatuhan dan sedang berlari.

*untuk pertama kalinya satelit nasa
memotret planet bumi. planet bola biru
yang begitu indah di dalam dan untuk
kerapuhannya. kampung di mana-mana.
laut di mana-mana. langit di mana-mana.*

dan dia terus menulis seperti melarikan
setiap kata ke dalam sumur tak berlubang.
seakan-akan kata-kata itu akan membakar
tas sekolahnya. seakan-akan kata-kata itu
akan membuat pertengkaran dengan dirinya
setelah pintu rumah dikunci.

dia melihat ada pintu berjatuhan.
baru pertama kali ini dia melihat pintu
berjatuhan.

tak ada judulnya

penyakit menular sedang menyebar. cacar mulai mengerubungi tubuh adiknya, memasuki lubang hidung, lubang telinga dan lidahnya. dokter putus asa dan adiknya sudah berada di atas jembatan kematian. seorang dukun datang, membawa baskom berisi air, sapu lidi, gunting, cermin dan sumbu kompor. benda-benda itu diletakkan di kolong tempat tidur, tempat adiknya terbaring dalam kelambu kematian. lingkaran kematian
mulai mendesaknya ke bawah dan ke atas.

apa yang harus dipahaminya antara penyakit menular dan instalasi benda-benda mistis
di kolong tempat tidur adiknya. bagaimana benda-benda itu menjalankan fungsi makna sampai ke batas di luar dirinya dan mengganti obat-obatan modern. mantra yang bergema di kolong tempat tidur. dan kematian tak tahu, inggris telah menghapus hukuman mati, tahun itu.

tubuh seperti rumah terbuka untuk dimasuki atau
keluar menjadi yang bukan dirinya lagi. tubuh
yang dibebaskan membawa dan dibawa yang lain.
arab melakukan embargo minyak. 1967. israel
merebut "tembok ratapan" di yerusalem timur.
menulis surat kepada tuhan (dan menyelipkannya
ke dalam dinding ratapan) :

(...)

cacar adiknya mulai mengering. kulit-kulit hitam
mengelupas dan lepas. kematian pergi melalui
cermin dan sumbu kompor. ular, belatung, cacing
keluar dari dalam kamus. dari gesekan panasnya
makna yang tak bisa dicetak.

mata pelajaran terakhir

jakarta, 1971. cikini. bulu-bulu mulai tumbuh di kakinya. dia menghitungnya lewat mikroskop. bulu-bulu kakinya ikut belajar geologi, tentang kandungan minyak dari endapan fosil-fosil purba. tentang antropologi dari bulu-bulu monyet. seorang guru memainkan piano ketika murid-murid sedang belajar biologi. suara piano membangunkan vitamin c dari tomat-tomat. membawa biologi dan beethoven tentang sepak bola.

dia menjadi bagian dari kumpulan paduan suara di sekolahnya, bersama drum band dan penggaris pemukul untuk suara yang sumbang. di istana negara, pada peringatan hari kemerdekaan, biologi dan beethoven saling membisu. dia ingin menyanyikan lagu *imagine*, menaikkan bendera cinta. dia ingin mengingat namamu, dan menyelam di kolam renang cikini. mendengar suara-suara air, dan detak jantungnya sebelum terjun dan menyelam kembali. di bangkok, perhimpunan bangsa-bangsa asia tenggara berdiri: filipina, indonesia, malaysia, singapura, thailand sebelum brunei darussalam, vietnam, laos, myanmar, kamboja.

lalu piano dan biologi lagi, sebelum kepalanya muncul di permukaan kolam renang. dia melihat teman perempuannya dengan bikini bunga-bunga merah dan kuning. lapisan air yang tersisa pada

punggungnya. kulitnya berkilat dalam sapuan
sinar matahari. dia kembali menyelam ke dalam
biologi dengan suara dentangan piano dan
gelembung-gelembung air. dan berdiri di depan
hitam papan tulis.

dia berjalan melalui pagar-pagar. dan berjalan
melalui pagar-pagar lagi. dia berjalan seperti
tidak pernah sampai ke mana-mana di antara dia
berjalan melalui pagar-pagar. tidakkah pagar
yang berjalan tidakkah dia yang pagar. tidakkah
dia di luar pagar tidakkah bangunan di luar pagar.
teman-teman sekolah berebutan naik ke dalam
bis. tidakkah dia sedang berjalan dan pagar-pagar
tidak membuatnya berjalan.

dia menyelinap masuk ke dalam pusat kesenian
taman ismail marzuki, dengan biologi dalam
tasnya dan bulu-bulu kakinya yang baru tumbuh.
dia melihat orang melukis, membuat patung.
dan dentangan piano yang lain. kolam renang
telah tenggelam dalam lonceng jam sekolah mata
pelajaran terakhir. dia melihat orang berjalan
seperti menyelam di dalam waktu. dia mendengar
suara mesin tik. dan dia berjalan seperti melihat
dirinya sedang berjalan dan bayangannya juga
ikut berjalan bersama orang lain.

kenapa mereka disebut sebagai seniman? sebutan
yang tidak pernah ada dalam pelajaran biologinya.
dia ingin melihat tubuh seniman itu dengan
mikroskop. dan dia menjerit tidak menjerit. dia
melengking. pelajaran biologi lalu menghapus dirinya
dari papan tulis.

ayahnya tak tahu piano. dia hanya mengenal
saluang dan dendang dalam bahasa yang tak
dipahaminya. saluang yang mulai membuat
pagar antara dia dan ayahnya, antara biologi dan
dendeng masakan ayahnya. rok mini dan bikini
membuat pagar antara dia dan ibunya, antara
wajah john Lennon di tasnya dengan bunga-bunga
sulaman ibunya pada taplak meja. rambutnya
mulai tumbuh panjang, menciptakan pagar antara
dirinya di luar rumah dan rumah di luar dirinya.
rumah menjadi dunia tua. terharu melihat waktu
bergerak dan tiba-tiba tidak bergerak lagi dalam
rumah itu. mulai membuat perpisahan dari
kumpulan-kumpulan perbedaan. sebuah seragam
sekolah SMP menopang tubuhnya untuk berdiri.

seorang teman perempuan mulai mengajarinya
berjalan bergandengan. merasakan dekapan yang
bukan dada ibunya. mengajarinya memakai celana
panjang dan sepatu hak tinggi. mengajarinya
biologi dalam pelukannya, padang rumput dan
cahaya matahari yang menciptakan pelukan dari
vitamin c.

suara piano masih terdengar dalam sekolah itu.
seluruh muridnya telah pergi, kawin dan beranak.
pelajaran biologi belum dihapus dari papan tulis
-- antara padang rumput dan pelukan dari vitamin
c. seorang guru masih berada dalam sekolah
itu, tidak pernah mati. sendiri. terus mengajar
biologi, walau semua muridnya telah pergi. guru
itu menunggu dengan setia jam mata pelajaran
terakhir hingga papan tulis hitam itu berubah
menjadi yang-dalam, yang-diam, yang batas-
batasnya menenggelamkan garis-garisnya sendiri.

67:2 proyek meninggalkan masa depan

jurnalisme di kaki politik

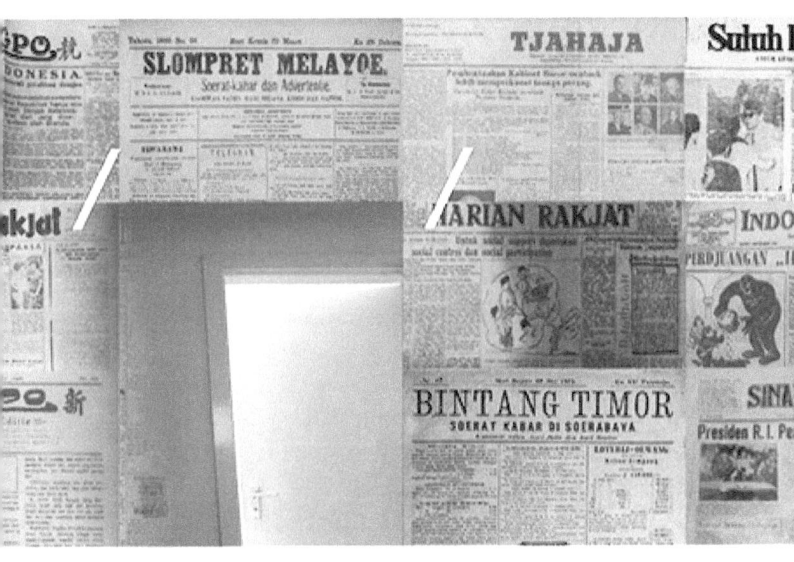

urban renewal

sepiker masuk mikrofon masuk tape-recorder
masuk pita kaset masuk. kadang kusut. masuk.
kadang lengket. masuk. suara-suara mulai bisa
diarsipkan. masuk. suara-suara juga mulai bisa
dikusutkan. dia telah sampai di hari senin. hari
senin pertama setelah hari senin lainnya. saudara-
saudaranya akan datang ke rumah untuk makan
bersama. masuk. tikar digelar di ruang tamu.
mereka datang dengan gaya masing-masing. ada
pedagang, pegawai kantoran, guru. yang bekerja
sebagai karyawan berpakaian lebih rapi, bersih,
dengan wibawa seperti kayu dipernis mengkilat;
selalu memegang kunci mobil di tangannya seperti
tasbih berzikir. mereka yang pedagang lebih pandai
berkelakar, bebas, berpakaian dengan
mode lebih berani warna-warni. bau parfum dan
bau lemari pada kain batik, menyebar aroma
domestik saudara-saudara perempuannya.
dari tangan mereka juga terdengar suara halus
gemerincing gelang-gelang emas. sepatu dan
selop memenuhi pintu masuk depan rumah.

rumah itu telah bersarang di atas kerumitan,
seperti hari senin yang sedang direnovasi di hari
kamis. saudara-saudaranya sudah duduk bersila.
melingkar di atas tikar. berbagai jenis makanan
sudah tersedia. gelas minum berkeliling bersama
asbak. hampir semua lelaki merokok. tiba-tiba
satu bungkus rokok *commodore* melayang,
melewati makanan, melewati kepala-kepala

saudaranya, jatuh di atas pangkuannya. semua
melihat satu bungkus rokok dilempar ayahnya
untuknya. semua saudaranya, ibunya, kakaknya
dan adik-adiknya, melihat dia mulai mengeluarkan rokok
itu, menyalakannya dengan korek api
dan menghisapnya. semuanya melihat bahwa
peristiwa itu adalah pengumuman dari ayahnya
bahwa anaknya punya hak dan tanggung jawab.
saat itu dia merasa ayahnya yang pendiam,
telah melahirkannya kembali sebagai bagian dari
masyarakat bebas.

ayahnya telah menariknya ke permukaan, duduk
setara dengan yang lain. bahwa dia harus mulai
menyebut dirinya sebagai seorang aku. hujan
turun. tetesan air dari atap yang bocor jatuh di
atas rokoknya yang menyala. dia rasanya sedang
tumbuh menjadi seorang aku di hari senin
pertama setelah ledakan hari senin sebelumnya.
untuk pertama kalinya, dia mulai diperlakukan
sebagai "orang pertama".

bersama sebutan *aku* untuk dirinya sendiri, dia
merayakan dunia barunya yang masih berantakan.
harus melalui berantakan untuk menjadi
orang-pertama bagi dirinya. dia masih malu
menyebut dirinya sebagai aku. bagaimanakah
mendefinisikan dan mengisi seseorang sebagai
aku. seperti sejenis hantu dalam pembayangan tentang
diri sendiri. sebuah fiksi baru dengan
cermin memantulkan banyak wajah.

ciuman-ciuman perpisahan, pelukan-pelukan
teman perempuannya, mulai menciptakan ruang
baru di luar rumah. rumah: tahanan kesunyian

yang membuatnya harus pulang mulai berubah. pulang ke rumah mulai mendefinisikan dirinya sebagai pergi ke rumah. pergi di dalam rumah seperti membersihkan debu di atas meja. dia berusaha mengumpulkan seluruh dirinya yang beterbangan dalam berbagai pakaian dan nama-nama.

semua yang melekat di tubuhnya rasanya tidak pernah cocok. celana panjang yang mulai dipakainya untuk menutupi bulu-bulu kakinya, terasa lebih cocok sebagai sarang tikus. seperti ada suara lelaki lain dalam jakunnya. suara ibunya terdengar seperti daun pintu yang kuncinya sudah tidak pas lagi.

dia mulai belajar membuat dunia yang tak dia katakan. dunia penuh rahasia dalam koper yang selalu dikosongkan. alis mata ayahnya kian tebal dan panjang, menghalanginya untuk melihat mata ayahnya yang sipit. rambut putih kian mengubah warna rambut ibunya yang keriting. perempuan itu kini bertambah gemuk, geraknya bertambah lamban. diabetes mulai bersarang. sinar matanya tidak lagi bebas menatap ruang di luarnya. katarak mulai tumbuh.

seperti mulai ada mesin dalam dirinya yang tak bisa disetop lagi. mesin itu mulai hidup kalau dia sudah menginjakkan kakinya ke lantai bis kota. padat dan seluruh tubuhnya bergetar.
jakarta adalah sebuah bis kota yang padat. dia tak tahu, ke mana bis itu akan membawanya pergi.

rumah susun pruitt-igoe, "penthouse si miskin"
di saint louis, missouri, dihancurkan. 33 gedung
11 lantai, rancangan arsitek minoru yamasaki,
disuntik mati dan roboh dalam kemiskinan
kota, kriminalitas dan rasialisme. *urban renewal*
untuk mengevakuasi kota antara kemiskinan dan
perubahan sosial.

1972: Penghancuran Pruitt-Igoe. Photo courtesy of the U.S. Department of Housing and Urban Development Office of Policy Development and Research

pertemuan keluarga telah usai. piring-piring kotor,
gelas kotor, bekas nasi dan kuah di tikar. hari
senin mengunci pintu untuk puing-puing yang tak
terlihat.

pemberontakan koper kosong

setiap dia mendengar orang mati tertabrak
kereta, tetangganya tahu: tak ada bedanya antara
"tertabrak" kereta atau "menabrak" kereta. rel
kereta seperti jalan terbuat dari besi panjang
tanpa awal dan akhir. rel yang tak punya nama
jalan.

dia berjalan di atasnya tanpa alas sepatu. daging
mentahnya seperti mengeras. seperti ada bubuk-
bubuk semen yang ditaburkan ke lendir-lendirnya.
dan semen itu kembali retak, seperti dasar sungai
dari kemarau yang telah menghisap seluruh airnya.
dia mencoba menyebut sekali lagi: - *aku*.
daging mentahnya menggigit bibirnya sendiri
hingga berdarah. masuklah ke dalam luka yang
bukan medis ini:

- apa yang kamu lakukan?
- mendengar.
- hanya mendengar?
- juga mendengar.
- kau mendengar suaranya?
- kereta menabrak bahasa.
- bagaimana suaranya?
- aku bertanya.
- biarkan koper itu.
- kosong

daging mentah itu lalu menggigit lidahnya
sendiri. gigitan yang ingin mengatakan: "aku tidak
mengigit lidahku. sejak lahir aku tidak memiliki
lidah". sandal dan sepatu dilarang masuk.

- rasakan kosongnya.
- sebuah koper?
- ya.
- buka tutupnya.
- bangkai kata-kata tentang aku.

seorang pengagum hamlet, ingin bertemu
hamlet dalam pertunjukan teater starka
di yogya. selama 6 jam pertunjukan, dia merasa
gagal bertemu hamlet. harus menjadi gila untuk
berkenalan dengan hamlet. menggunakan teater
untuk menjebak pembunuh bapaknya. menukar
kecantikan ophelia dengan hantu bapaknya.

para pencari koper kosong sudah berdiri di ujung
aku. mengancam untuk mengosongkan seluruh koper.

hamlet mengguncang ranjang kematian: jalan
racun di telinga raja dan ranjang mesum ibunya.

dan seluruh koper telah dikosongkan:

- dari modal 10 ribu, kau harus
  mendapatkan 50 ribu.
- 20 ribu untuk biaya produksi
- 5 ribu untuk pajak
- 5 ribu untukmu
- 10 ribu untuk sosial
- 10 ribu untuk penjualan

- lebih dari itu kau bukan pemberontak.
 tapi kriminal

percakapan-percakapan untuk selalu
mengosongkan koper itu, membuatnya merasa
tidak pantas untuk berjalan dan berdiri. dan dia
mulai berjalan dengan merangkak. mulai melucuti
dirinya sebagai "orang pertama", kembali sebagai
massa dalam kerumunan "orang ketiga".

> kereta
> *ditabrak*
> rel kereta
> *menabrak*
> koper

hari itu, sebuah koper kosong sedang menghapus
peta-peta perbatasan.

lapangan banteng

aku telah menjadi seorang migran di kotaku
sendiri. kota yang terus membangun dirinya.
meninggalkan puing-puingnya yang dibuang ke
dalam diriku. tak pernah bisa dihapus lagi. telefon
terus berdering, tagihan membengkak, hanya
untuk omong kosong.

dalam bis kota, penumpang saling berdesakan dan
saling mendesak berebut tempat berdiri. lapangan
banteng, jantung penggerak seluruh nadi kota.
tempat seluruh kendaraan umum dari berbagai
jurusan keluar dan masuk. aku minum es sirop di
terminal itu. dikelilingi bangunan kolonial
yang sudah jadi kantor-kantor pemerintah. aku sudah
pakai celana panjang. rambutku juga sudah mulai
panjang. balok es diserut di atas papan dengan
pisau tertanam pada bilah papan. irisan-irisan
es masuk ke dalam gelas panjang, sirop merah,
santan, air kelapa, irisan buah kelapa diaduk
dalam gelas bersama irisan-irisan es. sebuah
patung lelaki kekar, dengan rantai yang putus dari
tangannya untuk irian ... untuk papua.

"grogol, priok, blok m, senen (papua yang bergetar
dari jakarta sampai amsterdam) suara teriakan
kondektur, suara pedagang jalanan, bunyi
klakson, pengemis, bau bensin, bau oli, bekas
muntah mabuk kendaraan, debu dan udara panas.
keamanan kota mengejar-ngejar pedagang

Bis di Jakarta tahuun 70-an jurusan Blok M-Grogol. Sumber foto: Haheng Ragil Kuning.

asongan, penumpang bis yang kecopetan, semuanya adalah jantung kota yang setiap saat bisa berhenti atau meledak. gubernur menyalakan kembang api di malam muda-mudi. *goyang jakarta.*

aku tenggak es sirop berwarna merah jambu itu, menggigit pecahan-pecahan es yang tersisa dan menciptakan bunyi dalam rongga mulutku. balok-balok es dipanggul, digergaji, dipecah-pecah untuk membuat dingin mulutmu. terminal ini, seperti kawah kota, laharnya meleleh ke mana-mana.

ban bakar 15 januari

aku berjalan ke sekolah. mengenakan celana
panjang yang melebar di bagian bawahnya. hari
pertama masuk sekolah sma di budi utomo.
tetapi hari ini jakarta sedang memakai baju yang
terbakar. asap hitam bergulung-gulung ke atas.
api seperti gumpalan-gumpalan awan merah yang
turun di jalan. mobil-mobil sedang dibakar. pusat
pertokoan proyek senen, bangunan bertingkat
pertama yang menelan ratusan toko di jakarta,
sedang menjadi api. kota itu seperti sedang
memperlihatkan dirinya yang lain, aneh dan gila.

para pengemudi kendaraan pribadi gemetar,
panik, meninggalkan mobilnya. mobil yang
dibakar bertambah banyak lagi. kaca-kacanya
pecah, atapnya penyok dinjak-injak. jantung itu
lumpuh oleh kobaran api dan asap. kepalaku
seperti ban mobil yang ikut terbakar.

setelah jantung, ginjal, empedu, api makar,
kota seperti paru-paru yang meledak dipenuhi
asap ketimpangan sosial. aku masuk ke dalam
gerbang sekolah sma untuk pertama kalinya,
sebuah bangunan kolonial dengan tembok tebal
dan pohon-pohon besar yang masih tersisa di
halamannya. ruangan kelasnya terbuka. aku
mencoba duduk di bangku kelas, mataku masih
bisa memandang keluar: *lapangan basket, bunga-
bunga nusa indah, talang air dan tiang bendera.*

api masih berkobar. di luar, orang dibakar oleh
duga-dugaan liar. sekolah pertama yang disambut
dengan 15 januari 1974, jam 12 siang. aku
mendengar mahasiswa melakukan demonstrasi.
aku tidak tahu mahasiswa itu makhluk apa?
peristiwa malari membakar semua kendaraan
buatan jepang. perdana menteri jepang, tanaka,
sedang berkunjung ke jakarta. dan mahasiswa
menyambutnya dengan membakari kendaraan-
kendaraan buatan jepang, menolak modal
asing yang mengancam. *bakar* dan *jarah*. aku
mendengar hariman siregar, ketua dewan
mahasiswa universitas indonesia melakukan rapat
massa di ui salemba.

aku berjalan ke kampus itu. aku ingin mendengar
hati kota ini. baru kali ini aku jadi bagian dari
massa. belajar politik dari ban mobil dibakar.
massa dan aku berada di tempat yang sama,
pada kobaran api yang sama. aku adalah massa
yang sendiri. jaket kuning dan raungan hariman
yang disebut sebagai "harimau kampus" sedang
pidato. dia minta mengumpulkan semua bangkai
mobil yang terbakar, untuk ditukar dengan teman-
temannya yang telah ditangkap. militer juga
meraung - *pasar malam* di prinsen park mangga
besar.

aku pulang. orang masih berkumpul menyaksikan
proyek senen dipenuhi asap. api memasuki lantai-
lantainya, memasuki ratusan toko di dalamnya.
ibu bilang proyek senen tidak hanya dibakar,
seluruh isi tokonya dijarah. emas, sepatu, pakaian,
am tangan, tv dijarah. kota tiba-tiba
seperti terjungkal di hadapanmu. aku mulai tidak

bisa mendengar hati kota ini, kota yang tambah cerewet dan sering membentak. kota yang kian tumbuh dengan sumbu api di dalamnya. kota yang tumbuh dengan mencincang-cincang tubuh lamanya menjadi tubuh baru yang aneh.

makar itu menciptakan nama-nama baru di kalangan mahasiswa dan militer, antara jenderal sumitro dan ali murtopo. jenderal-jenderal kalajengking yang ingin menggigit kekuasaan. menciptakan panggung baru dalam politik negeri. politik dengan sumbu api yang tidak tahu asal apinya, tetapi selalu tahu sumbu apa saja yang mudah dibakar: ras, agama dan ketimpangan sosial. sejarah militerisasi kata-kata atas nama apa pun. ada motif kudeta di dalamnya, kata orang-orang. mungkin juga ada motif pembagian modal asing, kata orang-orang.

malam hari, hujan turun dengan derasnya. rumah kami mulai dimasuki air dan banjir. air hujan tidak hanya turun dari dapur kami yang bocor, juga merembes dari lantai rumah. aku mendengar pintu diketuk dengan keras, suara-suara sepatu yang tak aku kenal masuk, menimbulkan suara air yang memenuhi lantai rumah. mereka menyorotkan lampu senter ke mataku. mereka tentara yang sedang mencari para penjarah. lampu senter tentara menyorot ke mataku, rasanya tidak pernah hilang hingga kini bersama api itu. bersama ban mobil yang terbakar dalam kepalaku.

datsun sudah menjadi warga amerika. membuat negara baru di mana-mana. hari pertama aku masuk sekolah, belajar politik dari ban bakar.

formula jakarta dari benyamin s

begini *ni ni ni*

begitu *tu tu tu*

gambang kromong + blues

kompor meleduk

koboi cengeng

malam minggu di bioskop

kebakaran

tukang sayur anak modern

banjir

gerombolan mesin cacat

pabrik-pabrik berdiri, janji lapangan kerja dari
industri dan teknologi. hari esok adalah budaya
massa, instan, semuanya siap pakai -- satu
rasa untuk semua. konsumen adalah raja yang
mahkotanya bisa dibeli di pasar loak.

buruh-buruh datang dari berbagai kota, memasuki
pabrik-pabrik dan rumah-rumah petak. tanah
menjadi komoditi yang mengubah sejarah
keluarga. kampung-kampung digusur. setiap
pemilu datang, kota berubah menjadi demokrasi
yang hiruk-pikuk dengan kepalsuan. partai-partai
dibuat dari slogan, poster, spanduk, teriakan dan
raungan sepeda motor. bendera-bendera jelek
mengotori seluruh jalan kota. wajah mereka (yang
sebagian) menyeramkan -- berpidato tentang
bangkai tikus. seluruh tombol kekuasaan berada di
tangan presiden.

aku tumbuh sebagai mesin yang cacat dengan
nabi-nabi rock'n'roll: john lennon, mick jagger,
janis jopplin, led zeppelin, deep purple, perang
vietnam, perang minyak dan proyek manusia
pertama yang berjalan di atas bulan. proyek
senjata nuklir, tenaga listrik, pengeboran minyak,
sikat gigi baru dan obat jerawat.

akuntansi dan bahasa inggris akan mengubah masa depanmu. para arsitek, pengacara dan notaris berpesta untuk perubahan kota dan kepemilikan. teknologi untuk membuat mesin-mesin baru di langit dan di dasar laut. janji manusia yang akan menciptakan alamnya sendiri. semua yang tak masuk akal tumbuh sebagai proposal politik dan ekonomi. dan sebuah esai: *potret seorang penyair muda sebagai si malin kundang*, goenawan mohamad.

hei ... ada pertunjukan musik ahmad albar dan ucok harahap, ada the rollies, potong kelinci dan hisap darahnya. ada rendra, puisi-puisi pamplet dan puisi mbeling. aku, mesin cacat itu, berangkat ke sekolah dengan sebuah pergaulan baru. malam penutupan masa perkenalan awal sekolah. malam yang begitu hebat. sekolah berubah menjadi lantai disko. kami semua berdansa, mengucapkan janji untuk saling menyayangi. kelas-kelas dihias dengan berbagai dekorasi.

sekolah kami berdampingan dengan penjara di sebelahnya. mahasiswa-mahasiswa yang ditangkap karena peristiwa malari, kadang ngobrol antar sesama di halaman penjara yang kecil. mereka menggoda kami. membujuk melanjutkan sekolah di jurusan sosial-politik. apa itu sosial-politik? akuntansi, ekonomi, kedokteran, teknik, psikologi, hukum, antropologi: nama-nama yang menunggu di masa depan.

di sekolah, aku mulai terbiasa berjalan bergandengan dengan teman-teman perempuan, berangkulan, berpelukan di depan orang ramai.

God Bless dalam Pesta Musik Kemarau 1975, Bandung.

aku bisa tidur bertumpukan bersama mereka
seakan-akan aku bukan seorang lelaki. mereka
menyisir rambutku seperti menyisiri rambut anak
mereka yang panjang dan lebat. tetapi ketika aku
hanya berdua dengan salah satu dari mereka:
kamar, bantal, tempat tidur, semuanya menjadi
sesuatu yang salah dan asing.

– kenapa kau tidak punya ruang pribadi, sayangku?

(sebagian mereka ada tanda merah bekas ciuman
di lehernya. tetapi aku bukan vampir cinta).

rambutku bertambah panjang, celana komprang,
majalah dinding sekolah dan puisi adalah pernik-

pernik identitas baru. aku sedang berubah
menjadi mesin yang cacat. berhadapan dengan
dua orang aku dalam satu tubuh:

- seorang "daging mentah" yang fobia terhadap
  orang dewasa. satu lagi:
- seorang "mesin cacat" yang sedang tumbuh.

keduanya belum saling mengenal. keduanya
adalah seseorang. keduanya diciptakan oleh
faktor-faktor:

- hari senin yang setiap hari direnovasi.

- masa depan dalam es sirop yang kemanisan.

- masa lalu dalam balok-balok es yang dijaga oleh ular berbisa.

- tabu-tabu dalam toples gula yang dikerumuni semut.

seorang daging mentah tiba-tiba masuk ke
dalam mesin cacat itu. dia menggunakan palu
menghancurkan mesin cacat itu. *palu*. dia
menyiram bensin dan membakar mesin cacat
itu. *bensin*. dia merobek-robek buku sekolahku.
robek. dia menggunting-gunting tas sekolah
yang aku jahit sendiri. menggunting-gunting
celana komprangku. dia mencari ruang pribadi.
menyiapkan kheos melalui gramatika tentang
identitas yang aneh:

- *aku* --> orang pertama.
- *kamu* --> orang kedua.
- *dia* --> orang ketiga.
- *kita* --> jamak yang tidak membedakan perbedaan.
- *kami* --> jamak yang memposisikan kelompoknya.
- *mereka* --> jamak yang diposisikan di luar kami.

apakah kita adalah gerombolan yang terpecah-pecah di luar fakta-fakta itu, katanya -- (rezim hoxha di albania, menyatakan dirinya sebagai negeri atheis pertama di dunia. kehidupan agama dibungkam).

    kau!

kau seorang gerombolan yang kesepian dan parah.

perpustakaan sekolah

- hallo ...
- tidak ada hallo di sini.

- gue lagi nyari sisir.

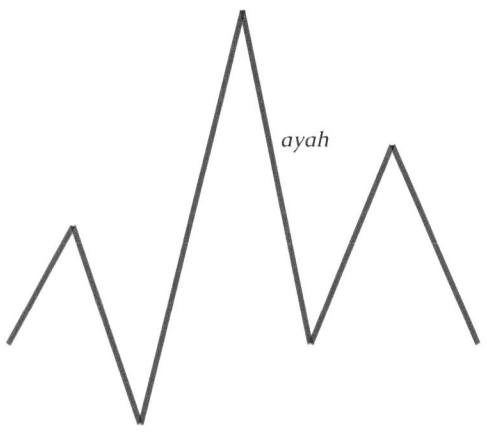

ayah

catatan harian di dasar kolam renang

matahari siang jakarta mengeringkan rambutku
yang baru dikeramas. membiarkan angin
menyisirnya. rambut, satu-satunya hiburan
yang menempel pada tubuhku, tempat ngobrol
bersama angin dan cahaya matahari. di pinggir
jalan, tempat aku biasa menunggu oplet
berangkat ke sekolah, seorang teman perempuan
juga menunggu oplet. aku belum tahu namanya.

- kenapa di sini? - tanyaku.
- aku baru cari buku - jawabnya.

senyumnya adalah pasta gigi yang baru dibuka
dan bando di rambutnya. kami naik oplet yang
sama menuju sekolah. aku masih ingin ngobrol
dengan rambutku. belajar membaca dengan
imajinasi. kini aku adalah seorang yang duduk
berdua dengannya. semua yang ada pada diriku
jadi salah. seperti ada yang harus dibereskan dari
cara aku duduk, posisi kaki, rambut, punggung,
hingga bibir yang terus menjadi kering dan harus
saling membasahi antara bibir atas dan bawah.
merangkai lagi antara bando dan senyum pasta
giginya, sebagai batas terdekat untuk menatap.
kata-kata jadi sibuk dalam kalimat yang macet.

aku melangkah ke sekolah berdampingan
dengannya, seperti menyeret diriku yang
bertambah berat. dia hanya senyum-senyum
melihat diriku yang sedang dilanda badai. rasanya

dia sedang menonton badai itu dan menikmatinya. hari itu aku merasa sedang menjadi seseorang yang lain. ketika masuk ke dalam kelas, ternyata kami masuk ke dalam kelas yang sama. aku tidak tahu kalau aku satu kelas dengannya. dia sering melihatku ketika aku menghias kelas untuk acara ulang tahun sekolah, atau ketika menyusun materi-materi yang harus ditempel pada dinding majalah sekolah.

aku bertambah dekat dengannya. kami sering berenang bersama, saling menjemput, dan mencoba membuat malam minggu di rumahnya, di antara orang tua dan kakak-kakaknya yang berwajah cemberut. aku tahu langkah-langkahnya setiap dia memasuki kelas, bau rambutnya, lipatan setrikaan pada bajunya, dan semacam cahaya dari tubuhnya. banyak burung berkicau pada matanya.

kaki-kaki, tubuh-tubuh dan tangan-tangan terus bergerak dari mereka yang sedang berenang bersama. aku melihatnya dari dasar kolam. tubuh dan riak-riak air saling memotong. aku menyelam menelusuri lantai kolam renang, ubin demi ubin yang berubah-ubah dalam seretan prisma air. di sudut kolam, dia seperti ikan yang bisa berenang bebas ke dalam diriku. kadang dia memintaku membawakan tasnya, atau menitipkan dompetnya. cara untuk memindahkan tubuhnya ke dalam tubuhku. tetapi tubuhku seperti tidak bisa termutasikan. tertutup di dalam dan bersama dirinya sendiri.

di pinggir kolam banyak teman-teman perempuan

sedang duduk sambil bercanda. mereka rata-rata memakai bikini. sinar matahari membuat sisa-sisa air di kulit mereka seperti gelembung-gelembung cahaya. di kamar bilas, dia menitipkan bikininya setelah mandi dan mengenakan baju untuk pulang. matanya: ikan-ikan yang menciptakan oksigen dan kolamnya sendiri.

aku membawanya bertemu dengan ibuku. dia ingin mengenal ibuku. dia hanya melihat ibuku lewat foto yang aku perlihatkan padanya. di rumah: *pyarr* ... ibuku memecahkan gelas minum yang dibawa untuknya. aku tahu ibuku gugup melihat anaknya datang dengan seorang gadis untuk pertama kalinya. sebuah hari senin yang baru, aneh dan canggung.

ibuku bukan kolam renang. dia adalah sebuah empang dengan ikan-ikan gurame, lumut dan bawang merah.

reuni masa depan

- susi mau jadi bidan
- endang mau jadi musikus
- zizi mau jadi model
- eko
- mau jadi guru agama
- tony mau jadi pilot
- seorang teman tiba-tiba
- melarikan diri dari

nonton tv bersama. sumber: pinterest.com

pesta
ulang
tahunnya
(lilin
padam
balon
kempes
kutub es
mencair
laut
naik
hujan
tak
pernah
berhenti)

dia tak mau punya tanggal kelahiran tak mau

mata pelajaran
yang belum ada

aku berjalan di antara mata pelajaran sekolah: tua, lusuh, tidak bergaul. seperti ada kawat berduri dan pensiunan tentara dalam mata pelajaran itu. mata pelajaran menatapku seperti melihat seorang anak muda yang sombong. yang memuja tubuh mudanya lebih tinggi dari fisika dan tata buku. teman-temanku datang ke sekolah dengan seragam hitam-putih. apakah pikiran terbuat dari bahan-bahan peledak? warnanya antara biru dan sebelum biru. kelas dibuka. buku mata pelajaran dikeluarkan dari tas dan diletakkan di atas meja. buku dibuka.

mata pelajaran itu mulai bisa melihat mereka. tubuh muda yang matanya seperti baru diciptakan dari embun pertama yang jatuh di hari senin. jernih yang merangkul semua yang mereka lihat nyanyian cinta yang masih gugup. lutut yang mulai kokoh pada porosnya, buah dada yang mulai memperlihatkan pesona dan keheranannya. menjadi lebih hidup ketika musik menyusup ke kulit-kulitnya. mulai gugup menghadapi ciuman pertama. mulai membaca buku-buku porno stensilan. menuliskan *cinta dan perdamaian* di tembok-tembok kota.

semua yang tumbuh pada tubuh mereka masih mengherankan, masih belum sepenuhnya cocok. betis yang terlalu besar atau pinggul yang terlalu tipis. rambut yang terasa selalu salah setiap

disisir, juga salah tempat tidur. semua yang ingin mereka
ketahui lebih banyak lagi, sebanyak
itu juga jumlah larangan akan mencegat dan mengawasi.
miky, seorang teman perempuan
paling cantik di kelas, berani berkelahi, tiba-
tiba mengangkat roknya ke atas. seluruh paha hijaunya
tersingkap, ketika mata pelajaran ilmu alam sedang
membicarakan *"kenapa angin yang tidak terlihat bisa
menggerakkan"*. dengan cepat dia menarik kembali roknya,
seolah-olah angin diciptakan dari celana dalamnya. "tidak
perlu angin untuk menunggu rokku tersingkap,"
bisiknya.

mata pelajaran ilmu alam mulai membicarakan
tangan tuhan antara angin dan kincir angin yang
macet. perempuan dan lelaki bermain bola,
berbagi ketangkasan. mulai mengagumi tubuh
sendiri dan berusaha menciptakannya kembali
lewat cermin dan foto bersama. mulai menuliskan
nama kekasih di dinding bis kota. hujan dan rasa
asing ikut memuja tubuh mereka. setiap melewati
kaca, mereka seperti digoda oleh pantulan tubuh
mereka sendiri.

jerawat menjadi tanda untuk yang baru tumbuh
dan masih asing. saling berbagi cerita tentang
pacar-pacar mereka, atau menyembunyikannya
dalam buku harian. bekas ciuman malam minggu
di leher yang ditutupi selendang atau tensoplas.
mulai saling menggoda dan digoda. saling
membentuk satu sama lainnya, naluri-naluri sosial
dan personal bertabrakan. tubuh-tubuh muda
yang membuat warna untuk jamannya: *jangan
takut*, setiap generasi akan mengisi dirinya dengan
kisah cinta. atau malam yang tumpah di depan
pintu ketika patah hati.

mata pelajaran itu menatap mereka, geologi di
balik cinta dan rahasia waktu di antara fosil-
fosil. menatap tubuh muda mereka yang masih
rapuh untuk dikuasai. antropologi yang lelah,
yang memaksa seekor monyet belajar memotret,
menatap mereka di antara teori evolusi yang
sedang luntur di papan tulis. tubuh muda itu juga bisa
ikut luntur: tabu-tabu, kepatuhan-kepatuhan
tak masuk akal. semua politik kekuasaan dengan
mudah bisa ditanam ke tubuh mereka. jiwa dan
pagar-pagar ketakutan dalam sebuah pesta.

mata pelajaran ilmu alam yang lusuh, berbisik di
antara serbuk-serbuk kapur tulis setelah papan
tulis dihapus: jangan biarkan tubuhmu terancam
oleh ramalan cuaca. tubuh muda, tubuh yang
dipuja, tubuh yang akan menjadi satu-satunya
kenangan tak terlupakan di hari tua. tubuh yang
ingin diawetkan dalam museum penghapus.

daging mentahku masuk ke dalam mata pelajaran
biologi. dia membawa sebuah mikroskop seperti
membawa linggis. dia masuk ke dalam molekul-
molekul identitas yang paling rapuh. dia mencari
sebuah lubang, tempat meloloskan diri dari
jaringan biosfer hanya untuk bisa bertemu dengan
cinta. "kita tidak bisa menjadi orang-pertama
untuk diri kita sendiri," katanya, dalam sebuah
masyarakat kota yang masih setengah komunal.
dia tiba-tiba meletakkan mikroskop itu di mataku
dan menggerakkannya. semua yang kulihat
menjadi gelombang yang membesar dan mengecil.
seakan-akan semuanya berdenyut dalam ukuran
yang tidak bisa diukur lagi.

sebuah generasi sedang menunggu dalam setiap mata pelajaran. mata geografi, mata antropologi, mata biologi, mata ilmu ukur, mata aljabar, mata civic, adalah semua mata pelajaran yang tak bermata. apakah kimia adalah awal roh dan puisi diciptakan? udara hampa dalam jiwamu yang harus disi dari gaya berat yang melayang-layang, melihat buah apel telah habis dimakan.

di dalam kelas, seorang murid bertanya pada ibu guru:

"ibu, kenapa tidak ada mata pelajaran tentang cinta dan kebebasan?"

infeksi mesin stensil

dunia "anu" putu wijaya distensil:

jadi anu telah anu, anu sudah anu, bahkan anu benar-benar anu, tidak bisa anu lagi, di mana-mana anu, setiap orang sudah anu, padahal belum lama berselang anu kita masih anu, si anu, si anu, belum anu dan anu, anu, anu masih sempat dianukan oleh anu, tapi sejak anu kita anu dia benar-benar sudah anu dan kita pun sudah lebih anu, bagaimana mungkin kita anu atau menganukan anu kita. karena itulah aku peringatkan berkali-kali dan sekarang untuk penghabisan kali jangan anu-anu lagi! anu sudah terlalu anu, hentikan sekarang! kalau tidak kita pasti akan anu! akibatnya anu-anu-anu-anu-anu dan anu-anu-anu-anu, bahkan mungkin akan anu-anu-anu, bahkan mungkin akan anu-anu-anu-anu-anuanuanu anu, akhirnya anu kita benar-benar akan aku, berat! karena itu jalan satu-satunya, semua anu kita harus dianukan, supaya tidak ada lagi anu yang anu! jadi anu-anu-anu-anu anu-anu-anu-anu harus anu!

dunia yang cacat distensil. memerankan orang lain seperti mesin stensil memperbanyak pikiran orang lain. *masuk*. peran -- jeda antara orang lain dan diri sendiri. membongkar sampah-sampah makna, mendengar bahasa dari tubuh sendiri. bergemuruh oleh kesibukan spiritual tentang aku yang dikosongkan. mesin stensil mulai diputar. kertas mulai berputar. huruf-huruf berputar. memutar dunia gagasan di atas kertas kosong dan bolong. pasukan catur telah dikerahkan dengan satu tujuan: menumbangkan raja dari mesin cetak kebisuan.

keluar dari masa depan

makan malam sudah selesai. tapi pembicaraan
keluarga belum selesai. tentang pilihan jurusan
sekolah anak-anak. masa depan mengetuk pintu:
akuntansi, ekonomi (...) aku adalah hujan, sedang
hujan, berlari-lari di atap genteng dan merembes:

"masa depan siapa?" tanyaku.

aku mulai menanam pertengkaran untuk keluar
dari batas. hujan berhenti. wajah keluargaku
seperti potret tanpa diriku. nilai-nilaiku mulai
berjatuhan dalam ujian sekolah, seperti
tanaman tak diurus. puing-puing yang rontok
dalam bangunanya sendiri. kakakku melempar
rapotku ke jalan, seperti melemparku keluar
dari masa depan. rendra mementaskan "bipbop"
dan "rambate rate rata" tentang kata yang
terperangkap dalam tubuh.

lubang masa depan terbuka. garis putus-putus,
tarikan magnet, tegangan listrik, ledakan debu
dan gas. lapangan basket terjungkal. lubang
menabrak lubang. sebuah transaksi tentang masa
depan, tercekik dalam lemari gantungan
baju.

bendera merah-putih berkibar-kibar sendiri di
lapangan sekolah, setelah upacara hari senin dan
"indonesia raya" dinyanyikan. pikiranku bergerak
keluar-masuk, berkali-kali gagal mendapatkan

pijakan dan kaitannya. mesin cacat yang tumbuh dalam diriku, tidak bisa mengisi ruang yang bertambah lebar, penuh lubang-lubang baru. kekasih sendiri dalam heningnya masjid. mukena telah dilepas. cermin disimpan dalam cermin.

aku mulai menyakiti diri sendiri. melukai lengan, meneteskan "air raksa" pada setiap titik luka itu. memerah, bengkak, membara. titik-titik luka hangus mengeluarkan warna putih terbakar.

luka-luka itu adalah mata pelajaran baru dari dinding-dinding buta. mengubur bulan di papan tulis hitam. kelas menganga. memuntahkan murid, tahun demi tahun. bintang-bintang mentah dan belum ada namanya, akan mengajakmu tumbuh dalam orbit yang liar.

pelukan
di lantai disko

- hei, dateng dong ke ulang tahun gue.
- ulang tahun pake ape?
- disko, deh. minum-minum dikit.
  pokoknye yahud, deh.
- oke, gue dateng.
- sama julius ye.
- oke. tapi gue nggak punya kado, nih.
- dansa yang indah aje cukup deh.

julius, aku dan adiknya (seorang perempuan),
pergi ke pesta ulang tahun seorang teman. sebuah
pesta diskotik di daerah kwini, kramat senen,
kawasan anak-anak tentara yang ditakuti pada
masanya setelah berlan (matraman) dan siliwangi.
di sini, banyak teman-teman berasal dari maluku mereka
yang darahnya seperti terbuat dari musik
dan cara bersahabat penuh kehangatan. tetapi
bapak mereka militer yang ditakuti, bagian dari
awal militerisasi orde baru. daerah yang tidak
asing untukku. dekat gedung stovia, sekolah
kedokteran pertama di jaman belanda.

lampu warna-warni berputar, bintang-bintang
seperti telah pindah dari langit ke lantai dansa.
semua berdansa di atas lantai yang melayang oleh
cahaya. bola lampu terus berputar memuntahkan
bintang-bintangnya ke lantai. hangat. dewa cinta
menatap kami dengan mata terbuat dari lampu

disko. aku mengajak seorang perempuan tak kukenal untuk berdansa. dia tersenyum. senyum lembut yang mengubah lantai disko jadi pantai. aku menuntunnya seperti menjaga kakinya tidak tersentuh ombak di pantai itu. sebuah pantai diskotik mulai kami masuki.

tubuhku dan tubuhnya mulai menari ringan, hanya menggerak-gerakkan tangan, sedikit kaki dan sedikit goyangan kepala. sebuah lagu sendu membuat tubuh kami merapat. aku mulai menyilangkan kedua tanganku di pinggangnya. mendekat dan kami mulai berdansa dalam pelukan lembutnya. satu tanganku mulai melingkar di pundaknya, ikut memeluk rambutnya yang terjuntai panjang hingga batas pinggangnya. kami berdansa sepanjang 3 lagu dalam pelukan panjang yang bisu. wajahnya selalu tersenyum membaca diriku. seperti ada pagar tak tersentuh dalam pelukannya. membuat jarak. pelukan yang saling membaca pelukan pertama.

stairway to heaven dari led zeppelin, membuat lorong dalam pelukan. tangga-tangga tak berujung dalam jiwaku. tiga lagu dalam pelukan. lalu lepas, seperti melepas sebuah tangga tidak naik dan jatuh. lantai dansa itu, dan sebuah pantai dari pelukannya, akhirnya seperti sebuah rolet di mana malam sedang dipertaruhkan di atasnya. aku menjauh dari lantai itu, menuju tempat minuman. berbagai jenis minuman alkohol berjajar di meja panjang, seperti sebuah pameran.

aku mulai meminum satu-persatu minuman itu. minuman mulai menggigit lidah dan

Sebuah pesta dansa di Jakarta tahun 1967.

tenggorokanku. hawa panas menguap bersama gerak darah dan jantungku. seperti ada orang lain yang mulai tumbuh dalam diriku, datang dari minuman itu. orang lain itu mulai menjadi diriku. setiap minuman aku tenggak, orang yang lain lagi datang lagi, bertambah ramai. dalam diriku seperti tumbuh banyak orang, saling menggandakan diriku. aku bukan seseorang lagi. tetapi seseorang yang ramai. aku mulai limbung. kekuatanku tiba-tiba melorot untuk bisa menopang kedatangan banyak orang lain dalam diriku. mereka ingin menjadi diriku atau aku sekaligus menjadi mereka.

– *hei* ... aku sedang berdansa dengan begitu banyak bayanganku sendiri. ban mobil meledak dan kempes. novel la rose, *dalam wajah-wajah cinta*, belum juga terbaca.

julius dan adiknya lalu memapahku pulang.
membawaku dengan becak pulang ke rumah
mereka. tidur di kamar julius. aku muntah
di atas spreinya. adik julius dan ibunya
membersihkanya. hujan turun dengan derasnya,
bayangan tubuh julius seperti bayangan malaikat
yang datang bersama hujan. bayangan adik dan
ibunya, seperti bayangan kasih-sayang yang
dipelihara bintang-bintang.

malam, tempat pertapaan bahasa dan cinta untuk
bertemu dengan yang bisu.

kamar gelap jangan sedih

afdruk, bahasa belanda hidup dalam kamar gelap
untuk cetak foto. anak-anak ayam dan karung-
karung beras. petani di depan kerbau ngamuk.
perempuan mandi di sungai. seorang kompeni,
tersesat dalam rawa-rawa malaria dan diare.
kapal-kapal tahanan dalam perang dunia i. hari
belum terlalu siang ketika kami memasuki kamar
gelap itu. baskom-baskom plastik berisi air dan
kertas-kertas foto terendam di dalamnya.

cahaya: lampu merah 5 watt. sebuah kamar kecil,
mirip lorong, dibangun seperti di dalam dan untuk
situasi darurat. film negatif menjadi positif. kertas
digoyang-goyang dalam rendaman larutan kimia.
gambar laten, yang belum tampak, dan digoyang
lagi, dan bayangan muncul, dan gambar laten
menjadi gambar nyata. rekaman foto telah pindah
di atas kertas foto.

penjepit, merah 5 watt menyembunyikan
cahaya dalam gelap, jemuran rol-rol film yang
telah dicuci, dan, foto mulai dikeringkan. foto
keluarga peranakan tionghoa dengan kuncir pada
gundulnya, lelaki jas putih dan dasi, perempuan
kebaya dan buaya di latar belakang. di latar depan:

"aku seorang kegelapan," katanya.

kamera dikokang.
rol film bergeser.
bidik.
klik.

untuk thomas, teman, yang dilahirkan dari
senyuman abadi. mengenalkan aku tentang
tao dan li tai po dalam kamera gelap. air laut
yang dihangatkan cahaya bulan. bunga yang
melepaskan mekarnya di musim gugur. burung
gagak menatap kamera dan terbang ke kuil kuno
di puncak gunung fanjing <tempat kesedihan
menatap kota di sana>. patung budha yang
menyimpan tangis dalam pejam matanya.

objek diukur lewat membaca cahaya, kecepatan
gerak dan batas lensa dalam bingkai kayu berukir.
hitungan waktu tersimpan antara jari tangan

di atas tombol kamera, kecepatan cahaya telah
dikunci dalam diafragma. badai dalam pot bunga,
untuk bogenfil, dalam *elegi* toeti heraty.

kamera kecil di depan mata, membuat perubahan
mendasar antara tubuh dan ruang. tergetar dalam
sudut pandang tertentu, emosi meletup, dan
ombak membuat pantai dalam baskom kamar
gelap 5 watt. cahaya yang bocor akan membakar
kenangan dalam gelap. dan waktu berlalu.

dan waktu berlalu. dan
waktu berlalu. dan
waktu berlalu.

"namaku kegelapan," katanya.
menjaga cahaya tidak melukai kenangan.

suara gamelan dalam bak mandi

kereta berjalan seperti sebuah kamar panjang yang diseret. suaranya membuat dinding-dinding tebal. ini pertama kalinya aku naik kereta, memasuki dunia jawa, di yogya. pluit kereta, dan dengus napas rangkaian besi.

perjalanan merupakan liburan bersama kami sambil belajar. sekolah menyewa gerbong kereta untuk kami. setiap yang dilakukan teman-teman dalam kereta, detil-detilnya menjadi baru. "kalian begitu muda, nakal dan menggoda". gerbong kereta seperti ditarik ribuan bayang-bayang. kelebatan batang-batang pohon, bentangan sawah, desa di antara sungai. besi berjalan yang membuat seluruh dunia di luar jendela kereta adalah deretan bayang-bayang yang datang dan pergi. seorang anak telanjang, melambaikan tangannya, di mulut kampung.

teman-teman dalam kereta sama sibuknya dengan bayang-bayang di luar jendela kereta. hilir mudik dari gerbong satu ke gerbong lain. lapisan orang-orang yang terus bertukar dan berpindah dalam goncangan lantai kereta. aku membayangkan akan duduk bersama pacarku. tapi aku tak tahu dia entah di mana di antara hilir-mudiknya teman-teman. aku temukan dia sedang duduk berhimpitan dan hampir setengah berpelukan

dengan lelaki lain. dia mempertontonkan
kemesraannya, seakan-akan sedang merancang
sebuah pertanyan: *apakah aku cemburu.*

beberapa teman merasa peduli denganku, datang
bergantian, menemani api yang terperangkap
dalam sebuah liburan: chris, yani, dhani, sri,
devi ... mulyadi, thomas: ingatkah kalian novel
"kampus biru" ashadi siregar? pacarku tiba-tiba
menghampiriku. wajahnya masih dengan senyum
yang sama, di antara rasa gundah dan geram, pada
bibirnya. aku tak tahu apa yang sedang terjadi
dalam kereta yang berjalan seperti diseret oleh
bayang-bayang ini. udara yang masuk dari jendela
kereta, mulai merusak kata-kata, di antara api dan
pelajaran mengarang.

dia tampaknya sudah sampai pada satu
keputusan: dia memberikan padaku sapu tangan,
putih, bersulam bunga. ada namanya pada tepian
sapu tangan itu: *nani*. dia menggunakan sapu
tangan itu membersihkan keringat berminyak
di sekitar hidungku. setelah itu dia kembali
meninggalkanku. aku tidak lagi merasa berada
dalam kereta. tetapi keretalah yang berada di
dalam diriku, menyeretku seperti menyeret
bayang-bayang yang kehilangan cahaya.

di yogya, kami semua menginap di sebuah hotel
tua arsitektur belanda, satu jalan lurus dengan
malioboro. dari koridor hotel, setiap pagi, anak-
anak sekolah bersepeda dalam kelompoknya
masing-masing. tawa dan canda. kereta kuda
dan jamu gendong. ingatan, seperti gelembung-
gelembung sabun, setelah mandi.

berbagai aroma menghisapku. jalinan kimiawi
antara tanah, tanaman dan cuaca. datang dari
bau dan cahaya khas pasar beringharjo. ramuan
jamu warna-warni, biji-bijian, akar tanaman,
kulit kayu dari ilmu kesehatan yang hidup dalam
cuaca. berbagai bentuk alat-alat rumah tangga
dari batu, kayu dan kaleng. setiap benda memiliki
denyut hidupnya sendiri. tembakau kering dalam
timbunan karung-karung. pasar yang memberikan
darah baru, untuk melihat dunia di sekitarku.

sebuah pabrik gula menempatkan namanya
dalam puisi: *madukismo*. tanah yang bermadu,
tanah manis dan tragedi bangsa. pabrik ini,
raksasa besi yang mengubah roli-roli tebu menjadi
gula. dikelilingi desa-desa penghasil gerabah
dan perkebunan-perkebunan tebu di kasongan.
jaringan rel kereta api menghubunginya sampai ke
pabrik. tersebar pernik-pernik budaya jawa hingga
keraton yogya.

tubuhku memasuki guncangan sensasi yang
belum pernah aku alami ketika memasuki candi
prambanan dan borobudur. dua candi besar yang
menyimpan waktu, doa dan cinta dalam batu-
batu. ia yang diam dan menunggu kedatangan. ia
yang menciptakan sunyi dan membuat gemanya
dalam tubuhku. ia yang menciptakan kata-kata
pada setiap tekstur dan lekukan pahatan pada
batu-batunya. ia yang tak tergoda lagi, karena
ia terus menggoda setiap jaman yang datang
menyentuhnya. di depan durga: menjadi murid
membaca bahasa batu, kerbau mati dan sesajen
beras.

candi yang lain dalam dunia lilin dan kain mori. di pabrik batik, para perempuan menciptakan kembali bunga-bunga pada kain-kain yang mereka batik antara air, api, lilin dan kelembutan tangan bercanting. melukisnya sambil duduk bersimpuh, tentang bau air mata di dalam kainnya. monopoli atas bahan-bahan baku menghancurkan usaha mereka. merusak keluarga mereka. merusak bayangan tentang modernisasi.

perjalanan menjadi panjang dan sibuk oleh lalu-lintas waktu. aku tidak tahu lagi bedanya berjalan ke belakang dan berjalan ke depan. tembang, gamelan, pohon beringin, bau melati pada gagang keris. perjalanan ini seperti menyusun dunia mudaku ke sebuah masa yang belum ada. rakitan waktu antara debu-debu. sebuah perjalanan yang menjahit dan menggunting-guntingnya kembali.

(dan "biduanita botak" karya ionesco dipentaskan di yogya).

perjalanan liburan sambil belajar itu menjadi liburan perpisahan dengan nani. perjalanan yang terlalu banyak adegan potret bersama. dan nani menyelinap, dalam salah satu di antara potret-potret itu, tersenyum manis di belakangku. itulah satu-satunya foto kami pernah berpotret bersama tanpa setahuku. sebuah foto dalam latar air terjun tawangmangu. wajah-wajah muda, baju warna-warni, tirai-tirai air terjun membelah udara.

cahaya matahari merajut semua bentuk
yang disentuhnya dan hilang kembali. putri pembayun
masih memandang mayat cintanya, antara istana
dan kematian. gamelan para penari tayub masih
terdengar dari mangir.

perjalanan pulang menjadi perjalanan bisu. semua
yang tampak di luar jendela kereta menjadi mati.
api terus menyala dalam padamnya.

di rumah, aku merendam seluruh tubuhku dalam
bak mandi. aku bertanya dalam rendaman bak
mandi tentang cemburu, cinta, waktu, perpisahan,
tentang potret dan tanda-tanda: tahukah dia
kalau aku tidak tahu apa-apa tentang diri sendiri.
tahukah dia kalau aku selalu harus menciptakan
diriku untuk bertemu dengannya. tahukah dia
tentang bayangan yang tertinggal dalam gelapnya.
balon-balon meletus di atas api.

dalam bak mandi, urat-urat di tubuhku bertambah
biru. bibirku bergetar. suara gamelan dan candi-
candi runtuh. perpisahan itu membuat jalan sunyi
yang gemanya masih terdengar hingga kini. cinta
pertama, seperti pagi hari yang akan selalu datang
kembali esok hari.

sekolah seni dalam mulut anjing

- kau tahu mulut anjing terbuat dari apa, sayangku?
- tentu kita tidak sedang bicara tentang daging dan gigi-gigi dan lendir-lendirnya, bukan?
- kita sedang bicara tentang mulut anjing, sayangku. hanya tentang mulut anjing.
- tetapi terdengar kasar dan menakutkan begitu, ya?
- selalu menakutkan kalau kita membayangkan tentang gigi-giginya.
- ini pembicaraan yang tidak baik, sayangku. akan menghabiskan pagi kita dalam mulut anjing.
- aku akan membuat pagi yang lain, asal kau mengatakan tentang mulut anjing yang bukan gigi dan bukan pagi.

salah seorang teman perempuanku mengajakku bermain ke rumahnya setelah pulang sekolah. dia memboncengiku dengan motornya. aku memeluk pinggangnya dari belakang. rambutnya berkibar-kibar menerpa wajahku. roknya juga berkibar-kibar bersama deru mesin motor. kadang aku menginap di rumahnya dengan beberapa teman perempuan lain. ibunya senang. karena dia anak tunggal dan ayahnya seorang tentara yang sering keluar kota. rumahnya bersih dengan payung bali terpasang di pintu masuknya.

aku merasa ibunya menganggap kami berpacaran. ibunya tahu bahwa aku senang kesenian. dia menyarankan aku kuliah di asri yogya. kampung mereka juga berada di kota ini, di kota gede. ketika aku akan menjawab pertanyanya, anjing mereka yang besar sudah menelan seluruh pergelangan tanganku. aku melihat seluruh pergelangan tanganku sudah berada dalam lubang mulutnya, antara lidah dan taring-taring giginya. mulut yang sudah bukan mulut lagi: lubang daging bergigi yang basah. aku mengelus kepalanya. matanya lembut, hampir seperti mengantuk. aku seperti diajak masuk untuk melihat dunianya dalam tatapannya.

"ibu, aku ingin sekolah dalam mulut anjing."

sri, nama temanku itu. dia menyibakkan rambut panjangnya. membereskan kedua penjepit rambutnya di kedua sisi kepalanya. sri berusaha mengalihkan sesuatu yang tidak bisa dialihkan lagi. situasi yang tiba-tiba menjebak kami bertiga antara dia, ibunya dan aku.

apakah kesenian itu? sebuah profesi? sebuah hobi?

seperti ada mata dalam mulut anjing itu. mata yang jauh. mata yang melihat ke dalam. mata seorang dokter yang membaca kesedihan dan mencium jiwamu.

- bagaimana tentang pagimu, sayangku?
- rasanya aku ingin dipeluk. rasanya pagi ini menjadi terlalu panjang tanpa pelukan.

- bukankah kita sedang bicara tentang sekolah
kesenian, sayangku.
- kau sudah mendapat jawabannya, bukan.
sekolah kesenian dalam mulut anjing.

sebuah pagi yang tidak mudah setelah menginap
di rumahnya. aku berada dalam lingkaran teman-
teman perempuan. mereka masing-masing seperti
membawa buku terbuat dari tubuh mereka
sendiri. buku yang sudah bicara banyak sebelum
aku membacanya.

- kenapa kau tidak membaca buku itu, sayangku?
 hanya memandang-mandangi begitu saja sejak
 tadi. bukalah. bukankah kau akan membacanya?
- apa isi buku ini, sayangku?
- kau sudah tahu, bukan. tentang semua yang
 belum kita ketahui.

mereka telah menjadi guru-guruku. mengajari
tentang badai dalam pelukan. tentang cinta, jubah
suci, untuk kecemasan.

khotbah keuangan

puluhan mesin tik menurunkan hujan dalam
kelas kursus mengetik. suaranya bergemuruh,
lalu mengenai bunyi *ting*, pada akhir margin
kanan. huruf-huruf berjalan lagi, pada kertas
ketik, ke baris berikutnya. 10 jari menari-nari di
atas tombolnya. huruf-huruf bertongkat besi itu
melompat-lompat, dalam ikatannya, dan kembali
ke dalam ikatan, yang sama. per-per di dalamnya
menarik huruf-huruf ke dalam ikatan berminyak.
rol pita terus berputar, dan jam di dinding. *ting*.

latihan kecepatan mengetik, dan mata tertutup
kain hitam. akrobat dalam gelap. hanya tangan,
merasakan ada mesin tik di depan tubuh. huruf-
huruf sedang menculikku, ke dalam dunia
mengetik. *ting*.

jari-jari tangan menggali ke dalam kegelapan
pikiran. bisa membuatmu jatuh, dan tahu, kamu
tidak akan pernah jatuh ke mana-mana, kecuali ke
dalam kegelapan itu sendiri. tetapi lihatlah, 10 jari
tangan tidak pernah keluar dari tombol-tombol
huruf di mesin tik itu. tidak ada yang bisa diketik
di luar huruf-huruf itu, tidak ada yang bisa diketik
di luar mesin tik itu.

gerak pikiran pindah ke gerak jari-jari tangan di
atas mesin tik. suara gemuruh *tak* .. *tik* ... *tok* ... dan
hentakan, dan *ting*, dan kertas harus diganti

lagi, dan pita harus diganti lagi. pikiran yang harus tunduk pada bunyi *ting*.

aku akan membangun sebuah masa depan dengan mesin tik. aku mengikuti kursus pembukuan di yayasan akuntansi. masa depan harus dihitung melalui tata buku. masa depan adalah laporan keuangan. "jurnal", "buku harian", "buku besar" "neraca" untuk seluruh jalan keuangan, harta, modal, investasi, hutang-piutang, adalah tubuh jalang untuk keuntungan dan kerugian. *ting*. seperti khotbah dalam sebuah misa ekonomi tentang batas-batas birahi.

suara mesin tik masih terdengar, menuntun malam ke sebuah sudut: cinta yang lalu lalang dalam novel *pada sebuah kapal*, nh. dini. tentang kekasih yang salah ketik.

di atas mesin tik: penggaris, timbangan, mesin hitung digeledah dan dibius oleh bahasa.

museum menutup kenangan

aku menggunduli rambutku. kembali ke dalam hujan. ibu menangis. temanku membawa racun tikus saat pengumuman ujian akhir. aku bertanya, untuk apa? untuk mati, kalau tidak lulus, katanya. aku malu dengan orang tuaku kalau aku tidak lulus, katanya. temanku itu aktor yang bagus dalam teater di sekolah kami. kini membuat jembatan aneh antara *racun tikus* dan *hasil ujian*.

pengumuman ujian bagiku sama dengan museum menutup kenangan. bukan awal melanjutkan kuliah. aku tetap tak tahu harus kuliah ke mana. aku tidak bisa memilih, karena aku tak tahu apa yang harus dipilih dan kenapa memilih. pesta malam perpisahan, aku ikut menghias kelas untuk terakhir kalinya di sekolah. tetapi pesta perpisahan itu akhirnya menjadi pesta paling menakutkan yang aku alami. terjadi perkelahian antara dua jagoan.

di depan mataku, sebilah pisau masuk ke dalam perut salah seorang dari mereka dalam perkelahian itu. aku menyembunyikan tubuhku di bawah kolong meja kelas: mengapa tangan itu bisa menggenggam sebelah pisau, mengapa tangan itu bisa memasukkan pisau itu ke dalam tubuh orang lain. lalu tubuh itu berhenti bergerak. lalu kami terpaku ... gerbang sekolah ditutup. tidak satu pun murid boleh keluar dan tidak ada

siapa pun yang boleh masuk dari luar. mobil
polisi berjejer di depan sekolah. tubuhku lemas.
malam perpisahan melempar aku kembali sebagai
seorang daging mentah yang rapuh.

hari-hari setelah sekolah usai, terasa lebih
panjang dan kosong. semua teman-teman
sekolahku lenyap begitu saja, seakan-akan
mereka memang tidak pernah ada. seakan-akan
masa sekolahku di sma adalah sebuah fiksi
yang endingnya harus aku ambil sendiri. yang
endingnya tidak termasuk mata pelajaran.

museum kenangan itu menguap begitu saja
bersama hiruk-pikuk kehidupan jakarta. manusia
bertambah banyak. kendaraan bertambah banyak.
bangunan bertingkat bertambah banyak. hutang
negara juga bertambah banyak. kotak pandora
dalam denyut napas sekian juta penduduk jakarta.

museum kenangan itu pintunya segera tertutup.
penghuni dan penjaganya menguap begitu saja.
kami akan menambah lebih banyak lagi daftar
pengangguran kota --- 13 tahun. sekolah dari tk
sampai sma. 13 tahun. bagaimana kami harus
mengembalikan uang yang telah dikeluarkan
orang tua untuk membiayai sekolah selama 13
tahun? 13 tahun. berapa jumlahnya? 13 tahun. ini:

- *ali topan anak jalanan* karya teguh esha.
- *orexas* karya remy sylado.
- *dukamu abadi* karya sapardi djoko damono.

tubuh muda kami, sebuah puisi yang tidak pernah ditulis.

suara dari bintang mati

aku naik kereta, seperti menunggu bis yang belum datang. berjalan ke mana saja untuk berjalan. merasakan pagi, di jalanan, berjalan, dan jaket berwarna kuning. aku biarkan jenggot ikut tumbuh bersama kumisku. aku baru lahir kembali sebagai orang lain. membiarkan kehidupan masuk dan pergi begitu saja, seakan-akan -- aku memang tidak ada.

di depan bioskop grand, kramat senen, aku sedang berjalan sebagai seseorang yang tidak ada. kedua tanganku masuk ke dalam kantung jaket kuningku. tubuh, sebuah kandang yang kosong. tiba-tiba seorang lelaki menghadangku, mengarahkan sebilah pisau ke leherku. ujung pisau itu sudah menyentuh leherku. dia menodongku. (saat itu) diriku datang sekaligus sirna (pada titik yang sama). penodong itu mulai menilai-nilai. bertanya-tanya tempat tinggalku. dia menyebut nama-nama jagoan yang kukenal. (saat itu) pisaunya berubah menjadi riwayat sebuah kampung (leher yang ramai). dia selipkan kembali pisau di balik pinggangnya, merasa aku adalah bagian dari sarung pisau. kami bersalaman penuh senyum.

sebuah pagi tak berlantai menemukan kembali cara berdiri (setelah jatuh).

aku seperti baru saja lepas dari tiang gantungan untuk hidup orang lain. hidup seperti anjing di jalanan jakarta. debu-debu panas yang menyimpan hari esok yang tidak bisa dibaca dan ditulis. kota penuh impian dan jalan-jalan kematian.

"angkat tangan"
aku menodongkan senjata ke masa depan.

di cambridge, jocelyn bell menemukan pulsar, bintang-bintang mati yang masih mengeluarkan gelombang radio.

1977: institut budaya pop

CO2

sedan 4848 meluncur di cipanas menuju puncak.
udara dingin, pada telapak tanganmu. kebun teh.
cemara. dan cemara menghisap malam minggu.
lampu kabut menembus setiap kisah cinta.
manusia: makhluk asing di depan sikat gigi yang
terbakar, jadi arang dan debu. roh liar dalam
soda susu. bayangan bukit-bukit menghilang
di balik bau bensin dan para penjaga vila. gas
terperangkap dalam lambung. (gunung kilauea
meletus di hawaii). hujan turun dan kabut, dan
kabut menghapus batas-batas tubuhmu. (tak bisa
menyentuh bibirmu yang panas).

kematian mesin tik

- apa yang sedang kau cium, sayangku.
- *bau*. tentu saja.
- sebuah bau, sebutir bau, seorang bau ...

- bagaimana kalau bau tidak pernah ada, sayangku?
- bagaimana mungkin. kau menghapusnya?
- aku ingin memelukmu di antara 1kg bawang merah, 2kg jeruk nipis, beberapa iris daging sapi, telur ayam, tomat. sebuah bangunan bau yang tidak bisa dirobohkan.
- aku garam. kau sudah masuk ke dalam asinnya, bukan.
- kenapa bukan laut, sayangku. aku bisa menyelam ke dalammu.
- laut bukan bumbu-bumbuan, sayangku.
- laut yang membuat kutub es tidak runtuh, bukan? kalau laut jadi air tawar, kutub es akan ambruk.
- tidak, aku hanya *garam*. bukan laut.

- baiklah kalau begitu.
- hanya garam. kau akan mati tanpa garam.
- baiklah kalau begitu. berilah aku senyummu. tentang rasa manis, kecut, asam, pahit, pedas. bukankah aku sudah asin.
- kita sudah berantakan, sayangku. bukankah kita sedang bicara tentang *bau*.
- tidak. kita sedang merumuskan tentang *bau* dari

sudut *rasa*. bukankah begitu, sayangku?
- tapi bagaimana *pedas* bisa menjelaskan *busuk*?

(1977: di atas bukit-bukit kesunyian para penulis, komputer apple, di bawah steven jobs dan steve wozniak, sedang menggulingkan mesin tik ke dalam jurang kesunyian yang lain. microsoft. printer laser dari xerox. sebuah dunia sedang dirancang di atas platform lempengan teknologi digital motherboard).

perpustakaan kaki lima

ini 15 rupiah
ini 25 rupiah
ini cukup 3 menit

- apa yang kau beli, sayangku?
- sebuah cerita.
- bukan, sayangku. kau membeli sebuah mesin tik.
- bukan mesin tik, sayangku. tapi mesin tik *bekas*.
- jumlahkan: barang antik.
- mesin tik bekas dari jaman belanda, tepatnya.
- hitam. berat. hurufnya tidak lompat-lompat.
mungkin gubernur jenderal pernah memakainya
untuk menyiapkan kemerdekaan indonesia 29
desember 1949.
- apa yang sedang kau bicarakan, sayangku?
jangan *gombal*.
- tentang sejarah *bekas*. atau kau bisa
membaliknya menjadi *bekas* sejarah.

kau lihat: buku-buku bekas. evolusi charles darwin
bekas, teori-teori ekonomi bekas. mungkin adam
smith pernah membaca buku ini, tentang lintah
darat. lihat, semuanya ada di kaki lima. lihat, kita
membelinya seperti membeli kertas bekas dengan
harga kiloan. dan ini, buku dari perpustakaan
stovia. lihatlah buku ini:

- kau sedang menjarah sejarah?

(1977: pemberontak maluku selatan membajak kereta du pont di kota glimmen: ini tentang potret-potret sunyi orang-orang yang kehilangan kampung halamannya. paspor telah menukar tanah air. ini tentang *anak semua bangsa* yang kehilangan kampungnya). amsterdam terlalu dingin untuk tubuh tropisku, sayangku.

- kau sedang menyandera sejarah?
- tidak. inilah kaki lima, sayangku?
- ya. kaki kita jumlahnya 2. binatang 4. tetapi ada binatang kaki seribu. kalau kita berjalan di sini,

kita seperti berjalan dengan 5 kaki, sayangku.
- 5 kaki? apakah tidak berlebihan?
- rakyat, sayangku. semua rakyat harus memiliki 5 kaki. hanya merekalah yang memiliki 5 kaki untuk hidup.

- oke. aku membeli 5 kg buku filsafat tentang mesin tik dan kaki lima.

(1977: tentara menyerang pemberontakan irian jaya untuk papua merdeka. negara republik demokratik timor leste berdiri. sejarah berjalan dengan kaki-kaki buntung mencari tempat berdiri. orang-orang yang terus mencari tanah airnya. migrasi bahasa, mata uang dan cuaca. migrasi vladimir nabokov untuk demokrasi dan estetika: gelombang migrasi kupu-kupu polyommatus blues melewati selat bering ke chili. gelombang pertama "manusia perahu" dari asia tenggara tiba di san francisco).

- 5kg sejarah bumi. oke.
- 5kg penggusuran kaki lima. oke.

aku mendengar suara mesin tik dari sepiker komputer. tidak. aku mendengar suara komputer dalam mesin tik.

- apakah kau sedang mengetik, sayangku?
- ya. aku sedang mengetik 30 tahun yang lalu.

mimpi dalam empat bidang

mimpi itu seperti memberikan cara melihat. dia memberikan mata, cara melihat dengan matanya. kita tak tahu matanya di mana. cara menciptakan kenyataan dan menciptakannya dari ceritanya. mimpi selalu bekerja saat kita tidur. kita tidak bisa memilih mimpi yang kita ingini. dia datang saat kita tak sadar.

ini malam. ini tidur dan ini mimpi. batas-batas yang tak tahu apa lagi yang harus dibatasi dalam dunia yang tertidur. (1977) *star wars* membuat fiksi ilmiah tentang stasiun ruang angkasa. galaksi-galaksi dari animasi mengeruk keuntungan: $307,263,857.

mungkin dia tak mau kita mengacaukan cerita yang dibuatnya. dia datang lewat pintu belakang, tetapi seperti masuk lewat pintu depan. mimpi yang berkesan, kita ceritakan ke mana-mana, sehingga seolah-olah nyata. semakin banyak orang mendengar cerita mimpi kita, maka kenyataan bukanlah mimpi. mimpi yang menjadi pernyataan seolah-olah nyata.

aku minta tolong kepada para penafsir mimpi tentang sihir tidur. bahwa sebuah mimpi telah menembakku dari belakang. para penafsir mimpi mengubur mayatku dalam ramalan indeks-indeks bursa saham. brosur-brosur perdagangan pariwisata tentang memotret mimpi.

naik gunung

bentuk-bentuk dalam kegelapan. gelap yang meriwayatkan dirinya dalam cahaya. hitam bukan warna. menyamar dalam kerimbunan hutan. bau malam. bayang-bayang hijau. kunang-kunang membuat cahaya bergerak. meriwayatkan dirinya: gunung tidak memerlukan listrik. semua bentuk seperti makhluk yang saling menciptakan bentuk lain. pergantian musim. migrasi mencari tanah air untuk mata rantai makanan. kodok dalam perut ular. pepaya dalam perut tupai. bulan seperti topeng. *dark side of the moon* dari pink floyd. serangga membuat dinding suara yang tak bisa ditembak. dingin yang agung. sunyi yang megah. jurang membuat penggaris cuaca dalam kabut. (topan dan gelombang pasang menerpa andhra pradesh di india. seluruh desa tenggelam: 1977). tidak ada pohon tumbuh di tempat yang salah. tidak ada sungai mengalir di tempat yang salah. garis-garis retakan. *batu. batu. batu.* biru yang bercerita pada lembah dan suhu udara. mendaki. mendengar cerita dari tanah dan hujan.

menggigil. gigi gemeretak.
matahari sedang tidur. lumut
yang cantik. ranting patah. lintah.
embun pagi. lampu senter.
bunga-bunga edelweis putih
kusam. jurang runtuh ke dalam
runtuh. suara memantul mencari
oksigen. berputar. erno rossi
menulis *white death: blizzard of
77*. badai salju di kanada timur.
100 nyawa. aku panik mencari
tubuh sendiri. menggapai apa
pun. kaki memanjat jantung.
bahu menopang jatuh. paru-paru
menggendong beku. ruhku
menyelinap mencari toko buku.

gong xi fa cai

boneka dari lilin. malam dari kembang api. suara
petasan menciptakan hening di batas malam. bau
obat-obatan cina menghidupkan syaraf-syarafmu.
di gunung sahari. seorang perempuan. tubuhnya:
cahaya yang meninggalkan pakaiannya sendiri.
ia seperti telanjang di depan lampion merah.
sal merah. jaket biru. tas warna merah bata dari
belacu. tubuh perempuan itu menipiskan malam
dalam langkahnya.

di sebuah bar. vodka-soda dan buku kritik sastra
teuw. wiski-cola dan *keajaiban di pasar senen* mis-
bach yusa biran. singapure-sling dan *kuil
kencana* yukio mishima. aku memakai lipstik
merah ibuku. piano dan mikrofon berlompatan. 6
menit *a night at the opera* dari queen. freddie
mercury menyanyikan *bohemian rhapsody*.
malam terbuat dari 4 oktaf. jembatan suara perih
dari lantai paling bawah. calvin klein membuat
kebudayaan pop pada pantat jeans. perempuan
itu. rambutnya lurus. matanya sebuah garis tipis
tajam. bau rambutnya masih tempat dupa
untuk hio.

seorang temannya berbisik: "kau bisa
bawakan singapure-sling yang manis untuk
sarang lebahku." dia tidak mabuk. dia ingin
menertawakan hal-hal yang tak penting. sebuah
ruang tamu dalam tubuhnya. "kau tidak harus
terluka di malam ini". aku sudah berada dalam

merah bibirnya. matanya sebuah garis tipis tajam.
dan sal merah di lehernya.

chacha. waltz. dia menari untuk semua yang
sendirian dalam bar itu. sebuah lorong hitam
menarikku. freddie prinze, aktor komedi "chico
and the man" menembak dirinya sendiri. 1977.
setiap orang menyembunyikan kesedihannya
sendiri, katanya, di sebuah klenteng. matanya
masih garis tipis. asap hio berputar di leherku.
kenapa kau memakai lipstik merah ibumu? dia
bertanya dan menghapus lipstikku dengan bibir
merahnya.

apakah kau kekasihku untuk suamiku?

aku takut ☦ setiap mendengar ketukan pada pintu
rumah.

penggusuran hari esok

rencana pembangunan lima tahun telah dibuat. taman mini indonesia indah telah dibuat. perumahan nasional untuk rakyat telah dibuat. marcos telah membentuk otonomi daerah di filipina selatan. deng xiaoping menjadi wakil perdana menteri di cina. tapi jakarta terus menggusur toko pamanku. setelah itu, setiap hari dia naik sepeda, menghapus nama-nama jalan dari ingatannya. penggusuran itu ikut menggusur pikirannya. hari esok telah dihapus. dia tersesat di masa lalu. sebuah sepeda motor menabraknya. otaknya terluka. mati. aku mandikan mayatnya. membersihkan kuku-kukunya.

besok: toko pamanku digusur lagi. dalam ambulans yang membawa mayat pamanku, aku ingin menggusur raungan sirene ambulan. lee kuan yew kembali terpilih jadi pertama menteri singapura. melawan para aktivis ham. jakarta sedang sibuk dan pura-pura sibuk dengan proyek mh thamrin. kampung-kampung diperbaiki. jalan-jalan disemen. masjid dan kantor kelurahan dibangun. setiap hujan turun, air yang masuk ke dalam rumah bertambah tinggi.

besok: toko pamanku digusur lagi. putu wijaya mementaskan *blonk* di tim, tentang para perampok dan bendera pusaka yang hilang. vokal grup, drum band dan petasan di panggung. orang-orang bertopeng dalam kata-kata. jimmy carter

berjalan dari capitol ke gedung putih, perjalanan
sumpah seorang presiden. setiap berita memilih
sudut ekstremnya. jemek supardi mementaskan
mime di seni sono art gallery yogya. bedak putih
di wajahnya bukan topeng. menabrak dinding
kaca yang bukan kaca. senyum putih tentang sakit
yang telah dibeton.

besok: toko pamanku digusur lagi. aku ingin
menggusur kesedihan yang berdiri menjadi
dinding-dinding kota. sebuah rekening bank
tertempel di pintu masuk kota:

toko buku
untuk mirtha dermisache

sebuah toko buku kecil. sepi menjelang bangkrut.
seorang perempuan menjaganya, seperti seorang
ibu guru yang menunggu muridnya. dan tak pernah
datang. aku membantunya. mendaftar
buku-buku. menulis harga-harga buku. menjumlah
hasil penjualan buku. di manakah *harga*, *buku* dan
baca bertemu di hari minggu. sebuah buku jatuh
dari raknya:

awal tahun. sekolah baru dimulai. toko buku ramai anak-anak sekolah: pensil, pulpen, buku belajar berhitung, buku tulis, buku belajar membaca, penghapus. setelah itu puisi dimulai lagi dari atas. judulnya: "toko buku".

perempuan penjaga toko buku membawa teh panas dan kacang goreng tentang: "kenapa orang menciptakan buku?" sebuah puisi jacques prevert (*déjeuner du matin*) menelfonku:

Il a mis le café	*dia menuang kopi*
Dans la tasse	*di dalam cangkir*
Il a mis le lait	*dia menuang susu*
Dans la tasse de café	*di dalam cangkir kopi*
Il a mis le sucre	*dia menaruh gula*
Dans le café au lait	*di cafe au lait*
Avec la petite cuillère	*dengan sendok*
Il a tourné	*dia berbalik*
Il a bu le café au lait	*dia minum kopi dengan susu*
Et il a reposé la tasse	*dan dia mengistirahatkan cawannya*
Sans me parler	*tanpa bicara padaku*

puisi belum selesai. telepon ditutup. gerakan surealis memanjat bahasa dan turun ke lantai *sebelum* bahasa. museum seni rupa georges pompidou centre dibuka di paris. perempuan penjaga toko menyodorkan gunting kuku kepadaku. minta tolong aku menggunting kukunya. aku menggenggam tangannya. kuku-kuku mulai lepas. aku buka buku biologi. kuku-kuku ada di sana. aku buka buku tentang menjahit. *buku*: tempat istirahat untuk kain untuk benang untuk jarum untuk gunting untuk

meteran. kuku-kuku menggenggam tanganku
dan menggunting kukuku.

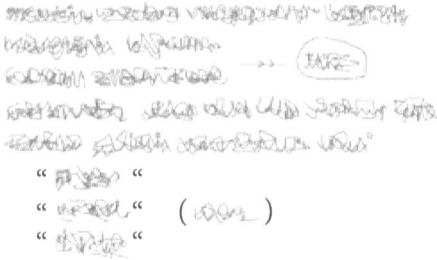

jam 9 malam. sebuah buku telah menutup toko
buku itu. judulnya tidak berubah: "toko buku".

kisah penggulingan kayu bakar

namanya, *wajud*. tidak biasa. tubuhnya bersisik seperti ikan. baunya amis. bagian dalam kelopak matanya dikeliling daging merah tergulung. tubuhnya tinggi. punggung melengkung. keluarga wajud hidup paling miskin di kampung kami. rumah kecilnya misterius. hampir tidak pernah dikunjungi tetangga. wajud sering bernyanyi sambil mengambil sampah tetangga setiap pagi.

pagi hari datang dari suara suitannya. sore hari wajud mengelilingi kampung setelah mandi. seluruh sisik-sisik di kulitnya telah disikat. bersih. mengkilat berminyak. dia akan memakai celana komprang. kemeja lengan panjang dengan kerah elvis presley. mengenakan topi koboi dan berjalan melantunkan suitan yang nyaring. dia melangkah dan dia melangkah dalam putaranya. (1977): lalu mengejutkan, kremlin menggulingkan presiden soviet, nikolai podgorny, dari politbiro partai komunis.

wajud bersuit dan putaran perang dingin antara kipas angin ke mesin pendingin. siang itu, aku membantu wajud membelah kayu-kayu dolken untuk kayu bakar. kayu yang keras. wajud mengajari membelah kayu dengan kapak dalam tajamnya. mengikatnya dalam satu gulungan. setiap gulungan berisi 10 sampai 20 potong kayu. telapak tanganku tebal dan lecet. setiap ayunan kapak dan

kayu terbelah. kami membelah dolken di sebuah gubuk berdinding bilik. pohon
digulingkan. hutan digulingkan. kayu bakar. albert rene melakukan kudeta di perancis. zia ul-haq merebut kekuasaan di pakistan. kayu bakar digulingkan.

bengkel teater rendra mementaskan "suku naga" di sport hall kridosono yogya. tentang modernisasi yang menggusur tanah-tanah adat. minyak tanah menatap gas. *kompor. masak. makan. lapar. kayu bakar.* kriangsak chomanan jadi perdana menteri setelah kudeta militer di thailand. indira gandhi mencabut pemerintahan darurat di india. mata uang digulingkan dalam saluran listrik. wajud bersuit. sampah-sampah bergembira. kapak digulingkan dari tajamnya.

tokohku, *wajud*, terus menciptakan puisi-puisiku hingga kini. orang-orang yang terusir ke dalam dirinya sendiri. kapak yang lelah dalam tajamnya. televisi berdarah digulingkan dari berita dunia.

ekaristi 1977

ini sebuah pertunjukan, tuan-tuan, yang pernah
anda tonton. aku menenteng pakaian seorang
gubernur jenderal. dia sangat berkuasa dalam
pakaiannya. sebuah teater membawaku masuk
ke dalam pakaian itu. sebuah peran baru saja
dicuci, antara puisi dan *money laundry*. sutradara
pertunjukan, seorang perempuan, menggeledah
setiap bau yang tertinggal dalam pakaian itu.
lelaki narsis. bau darah dan roh gentayangan:
-- apakah kau sedang memerankan pakaian atau
pakaian sedang memerankan dirimu. korban-
korban berjatuhan dalam pakaian itu. seorang
gadis muda masuk dalam daftar korbannya.

aku memerankan gadis itu. dua peran dalam
satu tubuh: gadis muda dan kekuasaan jenderal.
gadis itu ketakutan. dan aku ketakutan dalam
ketakutannya. ketakutan sedang menyutradarai
sebuah kekuasaan dalam pertunjukan. penonton
sudah datang. pertunjukan berlangsung dalam
gereja. sebuah ekaristi, perjamuan kudus dalam
liturgi ilahi. aku mencium altar. pakaian gubernur
jenderal telah dilepaskan dari gantunganya. konde
telah disanggulkan pada rambut gadis muda.
tubuhku telah kosong di depan sutradara untuk
dua peran yang akan saling bertabrakan.

dia menuntunku masuk ke dalam pakaian itu.
gesturku mulai berubah. suaraku berat. senyumku
pisau yang terlipat dalam sanggul konde. "apakah

kau sudah siap, manis?" jan patocka, profesor filsafat dari ceko, mati dalam 11 jam interogasi yang melelahkan. pabrik coca-cola meninggalkan india. dalam gereja itu, aku menatap yesus tersalib. sebuah ekaristi dalam teater. kamal jumblatt dibunuh di lebanon. fraksi tentara merah menembak siegfried buback di jerman barat. sebuah misa sejarah. kerusuhan berdarah di soweto afrika selatan. tiga anggota bader-meinhof bunuh diri di penjara.

aku menatap yesus. kematian dimuseumkan dalam salib. studi teater bandung mementaskan *jayaprana* dari jef last di tim: "kau bunuh panglimamu sendiri untuk seorang perempuan." seorang gadis muda tertawa terbahak-bahak di luar skenario. sutradara telah mati. penulis skenario sedang mabuk dalam perpustakaan. aku menatap yesus. pertunjukan usai. penonton bertepuk tangan. vatikan mengeluarkan larangan imam perempuan untuk gereja katolik roma. aku keluar dari pakaian sang jenderal. gadis itu meninggalkan kondenya. duduk dalam sebuah salon yang sudah dibongkar.

ave maria

tentang *the lady of the lake*. tentang sebuah
undangan. surat dari cinta pertamaku datang.
seperti surat biasa. bayangan kenangan bekas
melingkariku. dugaan-dugaan. aku membuka
amplopnya. sebuah tulisan tangan yang kukenal.
ia menyapaku: *afri* ... sebuah undangan. undangan
perkawinan. cinta pertamaku akan menikah,
dalam amplop putih. hari yang ditunggu telah
datang, seolah-olah akan ada malam minggu
yang lain. tamu-tamu telah hadir. kado-kado dan
kebaya brokat gemresik. minuman dan makanan.
gamelan jawa pekalongan. cinta pertamaku
menyambutku dengan senyum. pelaminannya
penuh lampu blitz.

aku undangan paling asing di tengah pernikahan
kekasihku sendiri. neneknya membawaku
ke bagian belakang rumah. dia memintaku
membantunya memompa air mencuci tangannya.
aku memompanya. dia mengajakku mengambil
makanan, menuntunku masuk ke kamar
pengantin. ini gila. dia tidak mau melepasku. dia
menemaniku makan di kamar pengantin. seolah-
olah akulah sang pengantin lelaki untuk cucunya.
kamar pengantin merah jambu, seprai berenda.
untaian bunga melati dan bukit-bukit kado.
tukang potret memotretku. nenek menuntunku
duduk di samping mempelai. lebih gila lagi. dia
minta aku mengipasi mempelai perempuan.

aku mengipasi cinta pertamaku yang kini sedang bersanding bersama suaminya dalam pesta pernikahannya. wajahnya lebih tua. pengantin perempuan terus tersenyum menyalami tamu-tamu. aku ikut menyalami mereka. di saku celana, masih aku bawa sapu tangan putih pemberianya. kota-kota terus berganti dalam sapu tangan itu. "*besok dan besok dan besok*. aku akan keluar dari hari esok," kata lady macbeth, dalam suara maria callas yang penuh puing.

pelajaran melukis

para anarko mencari jalan yang tak ada jalannya.
menolak menjadi warga. menolak menjadi
anggota keluarga. dia sedang melukis awan.
seperti biasanya. obyek bergerak dan berubah.
bukan diam. awan bergerak, dia ikut bergerak. awan
berubah. dia sedang melukis awan dan
melukis yang bergerak dan berubah. dia nasrul
thaher. di dek beton lantai atas pusat pertokoan
proyek senen. anak-anak muda, seni lukis dan
pengangguran. mencari tubuh baru dalam objek:
pantai, gedung, gembel kota, gereja, wajah
seorang gadis, patung, lidah mick jagger dan
pantat jeans ... mendekat. lukisan-lukisan raoul
hausman dari raungan mesin cetak.

agak dekat. *lebih* dekat lagi. (bis mogok). ingin
masuk ke dalam objek. ingin berada dalam objek.
berjalan. menetap dalam objek. *mencari* dan
mencuri gaya. mencari bahasa. budi az, yang
jojo, eddy kamal, elvin, riri: (*mulut elu bau taik!*).
mawar telah pergi jadi pramugari garuda. kenapa
melukis dari melihat. tubuhmu keluar dari objek.
membawa konstruksi, komposisi, bau dan warna.
affandi melukis matahari hitam, setelah pameran
teknologi di expo jepang. struktur, cahaya dan
sudut. (hujan-hujanan di lapangan banteng) *kertas
gambar - konte - pastel - kanvas - cat minyak -
krilik - kuas - tinta cina - palet*. kenapa melukis
dengan mata. tubuhmu keluar masuk. ramai. sepi.
bising. sendiri. bersama dan diam dan gerak.

di bawah jembatan: sebuah ladang,
seperti baru saja dibongkar. dilintasi batang-
batang rel kereta, melintang. gubuk-gubuk beratap
rendah. panas. gersang. *tanah abang bongkaran*,
namanya. malam-malam tak terduga, tempat
istirahat duka lara. matahari sebentar lagi akan
mengirim malam dan mimpi-mimpi perburuan.
kami masih berdiri di atas jembatan.

di bawah jembatan: lampu-lampu
dalam gubuk mulai menyala. orang mulai
berdatangan. perempuan-perempuan hilir-mudik
memindahkan malam ke dalam gubuk. para
pencari puntung rokok mulai mencari puntung
dengan tongkat penjepit, lampu senter di ujung
penjepitnya. musik dangdut dari kaset-kaset
menjelang kusut. warung-warung minuman penuh
suara, goyang dan gaya.

di bawah jembatan: sebuah istana kardus,
dari dinding-dinding malam, berdiri
dan berpesta. lampu-lampu kecil menyulap keku-
muhan jadi "menarilah bersamaku". sihir ruang
berlangsung dalam setiap tubuh yang berdandan.
setiap titik di bawah jembatan adalah pertunjukan.
menonton dan ditonton adalah ruang ekstrem dari
peran-peran yang masih kosong. anak-anak muda
yang belajar teater melalui pantat kota.

di atas jembatan: ratusan
milyar uang setiap hari bergerak, titik-bentrokan
massa dan aparat. politik menggunakan pasar
sebagai topeng dan bentengnya.

workshop teater

di langit india, tentara merah jepang membajak
pesawat japan airlines. front pembebasan
palestina membajak lufthansa boeing 737 menuju
frankfurt. langit jadi lantai baru dan sejarah yang
panik. anwar sadat pidato di parlemen israel.
diplomasi kanan-kiri: tanah air dalam kantong-
kantong plastik dan lelehan minyak. kami berjalan
di kawasan pasar tanah abang, menjelang sore.
anak-anak muda yang belajar teater melalui
kota. roedjito, pramana, putu wijaya, ikranegara,
merancang workshop antara teks, ruang dan rupa.
lalu-lintas, sikat, embat, lampu merah.

kami berdiri di atas jembatan tanah abang: ten-
tang jakarta dalam batavia. sebuah pasar sedang
menciptakan bahasa baru. 284 tahun lalu.
pemukiman kota berkembang. tekstil, pakaian
jadi, kambing dan makanan kuda.

di atas jembatan: 1740, tragedi *chinezenmoord*
meletus. kali krukut merah. klenteng hok tek tjen
sien berduka. madat dihisap mengairi sel-sel
darah, kesunyian antara bangsa dan beras. stasiun
kereta dibuka. lalu-lintas peradaban berlalu, di
atas jalan tekstil dan gula.

di atas jembatan: kuli-kuli memanggul
barang, dompet-dompet tebal para pedagang dan
jagoan pasar.

di bawah jembatan: sebuah ladang, seperti baru saja dibongkar. dilintasi batang-batang rel kereta, melintang. gubuk-gubuk beratap rendah. panas. gersang. *tanah abang bongkaran*, namanya. malam-malam tak terduga, tempat istirahat duka lara. matahari sebentar lagi akan mengirim malam dan mimpi-mimpi perburuan. kami masih berdiri di atas jembatan.

di bawah jembatan: lampu-lampu dalam gubuk mulai menyala. orang mulai berdatangan. perempuan-perempuan hilir-mudik memindahkan malam ke dalam gubuk. para pencari puntung rokok mulai mencari puntung dengan tongkat penjepit, lampu senter di ujung penjepitnya. musik dangdut dari kaset-kaset menjelang kusut. warung-warung minuman penuh suara, goyang dan gaya.

di bawah jembatan: sebuah istana kardus, dari dinding-dinding malam, berdiri dan berpesta. lampu-lampu kecil menyulap kekumuhan jadi "menarilah bersamaku". sihir ruang berlangsung dalam setiap tubuh yang berdandan. setiap titik di bawah jembatan adalah pertunjukan. menonton dan ditonton adalah ruang ekstrem dari peran-peran yang masih kosong. anak-anak muda yang belajar teater melalui pantat kota.

di atas jembatan: ratusan milyar uang setiap hari bergerak, titik-bentrokan massa dan aparat. politik menggunakan pasar sebagai topeng dan bentengnya.

administrasi
semen beton

administrasi, kata kakakku, kau tidak bisa hidup tanpa administrasi. aku mulai bekerja di sebuah perusahaan kontraktor. tidak terlalu jauh dari manggarai. bahan-bahan bangunan, saluran orang-orang, tender dan lalu-lintas uang. upah buruh. uang dihisap tanpa batas oleh semen, besi beton dan kayu. setiap mandor datang mengambil upah harian, tubuhnya kumpulan berbagai bau. paku yang bengkok tidak boleh berdiri. *sales girl* datang menawarkan produk-produk baru dari cat sampai gorden. roknya pendek. kancing kemeja atas terbuka. "ini cat untuk malam minggu. ini *shower* mutakhir untuk istri tercinta," mereka promosi dengan bahasa yang baru saja keluar dari kamar mandi. sebuah fashion antara cek kosong dan kredit macet.

bibir dan kuku merah. parfum menggeledah hidungku. lelaki adalah besi beton dan semen retak. dan paku yang bengkok tidak boleh berdiri. mandor dibentak, karena semen adalah bukan ripleks. para arsitek sibuk merancang tender proyek pembangunan pemerintah. penggaris dan setiap angka bisa malapetaka. aku menyiapkan neraca perusahaan. angka-angka diukur. suara mesin hitung bergerak seperti gerobak kosong. angka-angka meluncur dari kancing kemeja *sales girl* yang terbuka. "ini cat tembok untukmu, rasanya susu coklat". kredit bank belum cair.

tagihan belum cair. uang terus menghisap sampai darah kita kering. setiap direktur utama datang, senyum lebarnya adalah kejutan di akhir bulan. boeing 747 milik klm menabrak pesawat pan am 747, di canary island, tenerife.

tulang punggung perusahaan bersarang pada administrasi keuangan yang baik, katanya. lalu aku pergi meninggalkan perusahaan itu. masuk lagi ke perusahaan lain. sebuah perusahaan ekspedisi angkutan kapal laut di tanjung priok. pluit kapal berbunyi. kontainer-kontainer barang, masuk ke dalam badan kapal. kuli harian dibentak. dewa-dewa laut: *upah, upah, upah.* ... administrasi adalah ... lalu aku pergi meninggalkan perusahaan itu. masuk lagi ke perusahaan asuransi. direktur utama berjoget dengan penyanyi dangdut. investasi perusahaan adalah tanah-tanah kuburan. *administrasi* adalah ... lalu aku pergi tentang administrasi.

representasi kapal selam berwarna kuning

aku sudah masuk. di sini. sutardji calzoum bachri baca puisi di tim. heboh. kapak besar terikat tambang karet di atas podium. berayun di atas kepala sutardji. botol-botol bir berserakan di janggut dan rambutnya. kapak juga harus minum bir. primitif, mistis, anarko saling bercampur menciptakan masa kini:

> semua orang membawa kapak
> semua orang bergerak pergi
> menuju langit
> semua orang bersiap-siap nekad
> kalau tak sampai langit
> mengapa tak ditebang saja
> mereka bilang
> (*kapak*: sutardji calzoum bachri, 1977)

bir ditumpahkan ke kepalanya. membasahi rambut panjangnya. bir membasuh muka. dimuncratkan ke kepala kapak. kapak ditarik. dihunjamkan berkali-kali ke podium. kapak tertancap. diayunkan lagi. menatap kepalanya. waktu harus dikapak agar terus mengalir. setiap kapak dicabut dari meja podium, dan kembali pada gantungan karetnya, kapak terayun-ayun, tepat di atas kepala sutardji.

sardono mengumpulkan seniman. semuanya berambut gondrong. mereka membuat instalasi pertunjukan: *yellow submarine*. judul dari the beatles dan film animasi. seorang bertanya tentang krisis indonesia pada sutan takdir alisjahbana di tim. "kalau saya ingin bunuh diri, saya akan mengambil pistol dari laci meja kerja saya, menarik pelatuknya, ke kening saya," jawabnya. dan dia mencari laci di bawah podium. dan laci tak ada. dan dia mencari pistol dalam laci podium. pistol dan laci tak ada. budaya pop membuat panggung dalam kamera:

John Lennon dan Yoko Ono, 1980. Poster pameran fotografi karya Kishin Shinoyama, Yokohama Art Museum, 2017.

memori onrust

beth, nama yang membuat gema panjang. seorang
perempuan bertubuh tegar, diam seperti batu.
rambutnya terjuntai panjang pada lurusnya. dia
selalu mengenakan jaket jeans putih.

dia diciptakan dari kecap kental, antara cirebon
dan blora. sihir pohon kelapa, santan-santannya
dan kacang kedelai. dia merawat sunyi dan diam.
setiap memaksanya berpendapat, seperti ada
kawat-kawat di rahangnya yang akan putus.

kami berangkat ke muara kamal. endang, edy,
jojo, budi, beth. banjir datang. penduduk muara
mulai mengungsi. mengangkat kasur di atas
kepala. kompor, ember, panci dan penggorengan.
banjir sudah melampaui pinggang. mereka
bergerak meninggalkan banjir. kami bergerak
menuju banjir. pantai sudah tenggelam. laut
dan darat bertemu. kami naik perahu panjang.
mesin dihidupkan. endang mulai memetik gitar
dan harmonika. menyanyikan lagu-lagu leo kristi
tentang laut. banjir sudah berubah menjadi
permukaan laut, tenang, cerah dan biru.

orang bilang pulau itu angker. orang bilang pulau
itu tempat pembuangan tahanan belanda. pulau
onrust yang kecil di teluk jakarta. orang bilang
pulau itu tempat pembuangan orang-orang kusta
dan tbc. pangkalan armada jepang dalam perang
-sekutu. pulau itu tidak berpenghuni. puing-puing

bangunan belanda. atapnya telah hilang. sejarah diubah oleh peluru kendali.

malam, kami mulai berkemah. membuat api unggun bersama hantu-hantu pulau. rasa kecut dan asing menciptakan wajah-wajah kami. perahu yang mengantar kami ke pulau sudah kembali pergi. badai menghantam kemah kami. hujan seakan-akan turun hanya untuk menghancurkan tenda. cahaya kilat dan dentuman di langit. api unggun tak ada.

pagi hari langit kembali cerah. permukaan laut tenang, menyimpan rahasia cuaca. biru langit dan biru laut membuat garis yang sama. bangunan-bangunan bambu -- bagan, tempat nelayan memasang jala menjaring ikan, membuat garis-garis bangunan antara biru dan biru. dasar laut jernih dalam hijaunya. edy kamal mengajak berenang menuju bagan. pantai mulai menjauh, hangat pasirnya masih menyimpan telapak kakiku. di permukaan laut, ombak dan arus, aku seperti berenang di atas kaca biru terapung. edy mulai melampauiku. semakin jauh meninggalkanku. (di kedalaman 33 kilometer, melewati dasar laut, gempa 8 skala richter, mengguncang ai ketapang, desa lunyuk besar. tsunami melanda sumbawa).

ada yang mulai macet pada tubuhku. bergerak tapi tak pernah sampai. bagan itu seperti bertambah jauh. jarak seperti ikut berenang dan tidak bisa kujangkau. panik. putus asa. tubuhku mulai berhenti. kehilangan alasan untuk tetap berenang. aku berbalik, telentang menghadap langit. membiarkan tubuhku mengapung. seakan-akan laut sedang menggendongku. aku mulai tidak lagi membedakan antara langit dan laut. juga mulai meninggalkan harapan untuk sampai. arus membawa tubuhku ke dalam peta yang hanyut.

tubuhku tiba-tiba membentur sesuatu. bangunan bambu-bambu. arus membawaku ke tempat sampai yang kumau. bagan itu. edy menarik tubuhku naik ke atas bagan. lalu apa? laut punya struktur dan alurnya sendiri. dan kau bukan siapa-siapa. dan kau tak bisa melawannya. aku kembali telentang di permukaan laut, menatap biru dan biru dari aku yang bukan siapa-siapa lagi. edy, seperti seorang raksasa kecil, berenang, menarik tubuhku dengan tambang, kembali ke pulau.

di pulau, aku seperti kapal rusak. beth menemaniku terbaring di pantai. endang kembali memetik gitar, meniup harmonika. semua dalam telah menghapus penggarisnya.

orang-orang puisi

mortalitas bersarang setelah perang, teror dan bencana. ose tinggal di matraman. tubuhnya tinggi. kulitnya putih. rapi. dia berjalan agak membukuk. jari-jari tangannya panjang. setiap bicara, jari-jari itu berloncatan dari sendi-sendinya. ose, aku menyebutnya sebagai salah satu dari orang-orang puisi. kami melihat puisi sebagai seseorang. serangga bahasa yang membuat ladang bergerak. berjalan bungkuk dan jari-jari berloncatan. dia bicara kematian semasih muda. tentang bunuh diri sebagai puisi. dan mati adalah mati. berjalan bungkuk dan jari-jari berloncatan. bau baygon dan sungai ciliwung. nyamuk yang mati terbang kembali. kemiskinan sudah masuk ke dalam rumah.

(1977: hari senin sedang bergolak dalam dinding kawah gunung nyiragongo, di kongo. kawahnya retak. danau lava terkuras. lava mengalir. hari senin mendidih di hari kamis dan membeku di hari minggu. tanah yang baru, sedang diciptakan dari letusan gunung berapi. eropa selatan dan timur terguncang oleh gempa rumania).

orang-orang puisi setiap hari membangun "taman tergantung" lalu menghancurkannya lagi. hanya untuk bicara tentang cinta, mati dan puisi. ose telah menukar kata *waktu* dengan *mati*. orang-orang puisi yang menggoda dirinya tentang *akhir*, tentang *puncak*, dan *habis*. setelah

14 tahun dipenjara, pramoedya ananta toer dibebaskan. novelnya, *bumi manusia*, terbit: "siapa pun yang mengedarkan buku ini akan ditangkap". *bumi manusia* digeledah. pembaca akut menyimpannya. *kopkamtib* telah diciptakan: komando pemulihan keamanan dan ketertiban dari jaringan intelejen dan intelejen. *hansip* telah diciptakan: eufemisme militer untuk pertahanan sipil. *bakorstanas* telah ciptakan: badan koordinasi bantuan pemantapan stabilitas nasional. semuanya hidup di atas telapak tangan suharto. orang-orang puisi di luar dan di dalam. peter carl goldmark: mewarnai tv hitam putih menjadi berwarna. sebuah ending pada warna abu-abu, akhir hitam dan putih.

Hansip pada pemilu 1977 di Wajo. Sumber: KPU Kabupatten Wajo, Sulawesi Selatan

adegan-adegan tanpa nomor

sekumpulan semut merah menghabisi biskuit di piring. aku menatapnya, biskuit habis dan semut menghilang. seolah-olah biskuit dan semut tak pernah ada. ini tentang *kata* dan tentang *ada* dalam *bahasa*. aku mulai masuk kuliah filsafat. menelan napas tentang materi dan jiwa. kees bertens menghapus *hitam* pada papan tulis menjadi *papan tulis* bukan *hitam*. chris verhack terbungkuk-bungkuk, membawa tiga potong tulisan untuk ujian: kita melayang-layang, antara *keyakinan* dan *kepercayaan*, tentang *ragu*.

magnis suseno membawa semar dan karl marx, tentang revolusi perancis dan sneevliet di surabaya. tentang yang *umum* dalam wilayah pribadi. misalnya, celana dalam dijemur di depan rumah. louis lehy menghapus darwin dari papan tulis, menukar evolusi dengan cinta. wiladi bertanya -- apakah logika, ketika badai menerjang kamar mandi. premis-premis bertabrakan dalam silogisme yang menukar dirinya jadi puisi. aksioma mengundurkan diri. (korea utara mengubah status tanah sebagai milik negara. harga-harga berhenti di pasar).

apakah cinta? kata sastrapratedja: seorang putri cantik, sakit, lalu mati. mengapa dia mati? 5 lelaki menggeledah cintanya. putri itu tidak tahu mana yang harus dipilih dari ke 5 lelaki itu. akhirnya dia sakit dan mati. setelah putri mati, ke 5 orang lelaki menyatakan janjinya:

lelaki 1: aku akan menangis selamanya di kuburan sang putri.
lelaki 2: aku akan mencari ilmu ke seluruh penjuru dunia, mencari obat yang bisa menghidupkan kembali sang putri.
lelaki 3: aku akan mengabdikan seluruh hidupku untuk masyarakat banyak.
lelaki 4: aku tidak akan menikah seumur hidupku.
lelaki 5: aku akan mengabdikan diri hanya kepada tuhan agar setelah aku mati bisa bertemu kembali dengan sang putri.

aku naik helicak bersama beth. kendaraan becak bermesin itu, bentuknya seperti kapsul. kubah atapnya akrilik tembus pandang. supir helicak di belakang, bisa melihat seluruh adegan dalam helicak.

sepanjang jalan, kami berciuman di dalamnya. apakah tubuh? lalu lintas ramai, belajar antri di belakang lampu merah. perumahan dan plastik sedang mengubah 1 + 1 menjelang mandi malam.

toko tanpa penjaga

kamu tidak akan bisa menulis apa pun tentang bali.
balilah yang akan menulismu. udara dalam
kereta panas. pedagang asongan hilir-mudik.
pengemis, para pengamen, bau telur rebus,
ikan asin dan minyak kayu putih, membawaku
sampai surabaya. melewati ketapang, anak-anak
menyelam, memburu uang logam ke laut. ubud
masih sunyi dan bunyi. setiap orang seperti pendeta
dan petani. di hotel, aku selalu ditemani
pemilik hotel. memanggilnya: nyoman yanti.
kadang dia tidur-tiduran di kamarku. menungguku
menulis surat untuk beth.

nyoman mengajakku mandi di pancuran. berjalan
meniti sawah, melewati sungai, hutan-hutan kecil
dan di pancuran itu. kami berdua telanjang di
bawah kucuran air. seperti anak kecil: tidak ada
peradaban yang mengintip. malam nanti, dia
mengajakku nonton drama gong. pertunjukan
baru berlangsung setelah jam 12 malam. bunyi
gamelan kian membakar malam penuh duga.
"nyoman, nyoman, apakah kamu pernah membaca
layonsari dari buleleng?"

kami kembali masuk hotel, dan dia membaca
surat-suratku untuk beth, sambil tiduran,
tentang seorang pemilik hotel dan kabut rahasia
menyelimuti ubud. aku masuk ke sebuah toko
kecil membeli baterai kamera. toko itu kosong. tak
ada penjaganya. pintu-pintu rumah tak dikunci.

sebuah kota yang telah menghapus keamanan.
lebih singkat lagi: aku diawasi oleh diriku sendiri.
pohon-pohon beringin tua dan kramat, babi-babi
dan anjing di jalan. bau dupa dan melati sesajen.
waktu seperti berlumut pada jam tanganku.
menjelang pulang, nyoman membuat lukisan bali
untukku. sebuah lukisan kecil tentang perempuan
kecil di sawah. capung-capung terbang
mengitarinya. lukisan itu aku hadiahkan kepada
beth. dan sebuah rahasia tanpa tanda tangan.

cahaya melewati bayangan

ruang itu tertutup. lantainya baru saja disapu.
sinar matahari sore masuk lewat jendela kaca.
meja kursi ditumpuk di belakang. tubuh para
aktor sedang menjadi serangga kafka tanpa kantor
dan asuransi. mereka sedang membuat waktu
menjadi lambat. ruang dilepaskan dari tempatnya.
kata-kata dibuat bisu untuk *pamali*. berat badan
menciptakan *sebelum* jatuh. gerak menciptakan
sudut dan lubang pembocoran aku. dirimu selalu
paralel dengan yang lain. *lepas, tangkap, diam,
tatap* dan .... *ting* ... aku mengunjungi latihan
teater sae di bulungan. boedi, sutradara teater
sae, duduk untuk *duduk*. sebuah pisau belati dan
sebongkah batu di sampingnya, seperti sesajan
untuk dewa-dewa olimpus. *imam wahyudi, syaiful,
mimi thea, zainal abidin domba, dindon ws, taslim
idrus, wahyu* ... aku mulai mengenal nama-nama
mereka. tentang tubuh yang mulai berhadapan
dengan mesin. cahaya melewati bayangan bahasa.
dunia mesin mulai melawan tubuh. percobaan
nuklir di nevada dan kazakhstan timur. *punten*.

reaktor nuklir chernobyl meledak. 30 kilometer
dan 20.000 tahun dievakuasi tentang radiasi. aku
baru saja keluar dari sebuah pertunjukan yang
belum dipentaskan, *sudah* dipentaskan dan *akan*
dipentaskan.

shot down

filsafat
jembatan serong

- kita seharusnya tidak berpikir
- kita harusnya bertindak.
- bertanya membuat kita lemah
- kita tidak bertanya.
- kita bertindak.

embargo senjata atas afrika selatan dari pbb. apartheid harus berakhir. namaku elisabeth kaeseman. diktator argentina menyiksaku di pusat penyiksan campo palermo dan el vesubio. mereka menyembunyikan sebuah pistol dalam buku *das kapital*. negara-negara pedagang senjata hidup dalam *silent diplomacy*. tidak peduli *ham*. di monte grande, dua peluru menembus leher dan punggungku: 24 mei 1977. aku menemukan mayatku, sejarah yang rusak, di pinggiran buenos aires.

aku mulai sering bersinggungan dengan kelompok diskusi di kampus. mereka menyebutnya kelompok diskusi jembatan serong.

- apakah gergaji lebih penting dari kayu yang digergaji? (sebutir telur ayam netas dan seekor anak ayam tak tahu telurnya).

- bagaimana kau yakin kau sedang ragu-ragu bahwa kau yakin (dia membuka pintu tetapi dia *sedang* membuka pintu).

aku mendengar suara sandal yang aneh dalam sebuah kelas sosiologi. ali syari'ati, yang membuat bara untuk revolusi iran, dibunuh di southampton. pikiran seperti batu-batu berjatuhan, setiap diskusi terjadi. aku membutuhkan mesin tik yang tahan peluru. bau rokok tembakau, menahan kemiskinan di pintu masuk.

rumah dalam rumah

di depan halaman sebuah tokoh furnitur, di mulut gang, ipung gozali memanggilku. dia seorang pelukis. dia minum teh kental dan pisang goreng. warung hanya buka di malam hari, setelah toko-toko tutup. ada tikar digelar. orang duduk-duduk untuk malam yang tak punya kantuk. warung itu dekat dengan rumahku, tetapi baru kali inilah aku duduk dan minum di sana. aku belum pernah sedekat ini dengan malam. pori-pori jalan beraspal semakin besar. roda-roda mobil semakin dekat dengan sensor tubuhku. semua hal-hal kecil, sebuah mikrobiologi dari malam.

dua perempuan berkebaya melayani kami. rambutnya mengenakan sanggul konde. keduanya dari palimanan, tinggal di sunter. namanya mbak mini dan mbak sumi. dunia ipung gozali adalah dunia yang setiap hari rusak dan harus diperbaiki. ke mana-mana menggunakan vespa busuk tanpa nomor polisi.

seorang lelaki, salah satu tetangga di kampungku datang. seorang preman. dia tiba-tiba menendang dan memaki-maki sumi. sesuatu rasanya akan terjadi di emperan toko itu. ipung dengan tenang mulai masuk ke dalam pertengkaran: "ada apa?" ternyata lelaki itu cemburu melihat sumi bercanda denganku. mikrobiologi malam akan meledak di luar dugaan. tiba-tiba lelaki itu menepuk bahuku, memelukku dan pergi membawa dirinya sendiri.

apakah dia marah, karena aku sudah berada di
tengah-tengah dunia malam tak terjaga.

aku mengantar sumi pulang ke sunter dengan
becak. ipung mengikutiku dari belakang dengan
vespa bututnya. aku mengantarnya hanya sampai
mulut jembatan kali sunter. tanah di sekitar
kali berwarna merah, seperti baru dikuliti dari
lapisannya. malam bulan purnama dan jembatan
bambu. sumi setengah berlari melalui jembatan
itu. selendang dan ujung kain kebayanya, cahaya
bulan, berkibar-kibar tertiup angin.

(kota melaju dalam kenaikan jumlah penduduk.
piring yang diperlukan bertambah banyak.
jumlah penduduk mulai bertengkar dengan
angka pendidikan, pengangguran dan persediaan
kebutuhan pokok. vagina kami bukan statistik
populasi penduduk kota. ibu-ibu kampung
menolak keluarga berencana. mereka protes
dengan melepaskan pakaiannya). tapi malam, tak
punya kondom.

sebuah kendaraan tentara warna hijau, jip, parkir
di halaman toko furnitur. aku sedang tidur-
tiduran di atas tikar di emper toko sambil minum
teh kental bersama ipung, dan tangan sumi di
rambutku. aku kenal kendaraan itu. aku kenal
siapa di dalamnya. tetangga depan rumah. dia
sudah menjadi seorang tentara, letnan kolonel.
aku menyembunyikan wajahku dengan tidur
telungkup. kedua tangan bersilang, menutupi
wajahku. mesin mobilnya tidak berhenti.
lampunya menyorot tubuhku lebih tajam. cahaya

lampu itu mulai menggali tubuhku, mencongkel-congkel, berusaha membalik dan menelanjangi tubuhku. lampu itu terus menyorot seperti sedang menginterogasi diriku di emperan toko. akhirnya lampu mobil itu padam. mesinnya padam. percakapan-percakapan kecil menutup pintu mobil. langkah-langkah sepatu tentara menjauh. sumi mulai melepas sanggul dan kain kebayanya. bau sawah di pesisir. perahu merapat. anak-anak berlari. jagung baru dipanen. suara lembut orang mengaji.

sumi kembali ke palimanan. aku mengantarnya sampai ke dalam bis di terminal pulo gadung. menitipkan buku-buku cerita rakyat dan alat-alat menggambar untuk anaknya. perempuan itu, sebuah kedatangan yang tidak pernah pergi lagi. membuat rumah di dalam rumah.

ancaman
dalam kandang

ayam yang aku pelihara baru saja menetas. 12 butir telur dierami induknya. selama induknya mengerami telur, dia tidak pernah keluar dari sarangnya. aku harus memberinya makan dan minum. makanan dari dedak, gabah yang dihaluskan dicampur air menjadi bubur. "jangan dekati ayam yang sedang mengerami telurnya, tanganmu akan dipatuk". dan ayam tak pernah membuat pasukan.

/ penyanyi fela anikulapo-kuti menulis lagu "peti mati kepala negara", untuk rezim gen'l obasanjo di nigeria. pasukan gen'l obasanjo menggerebek kalakuta, membakar rumah komunal fela anikulapo-kuti. ibunya, dilempar dari lantai dua /

12 butir telur yang dierami telah menetas. hanya 9 telur yang menjadi anak ayam. seekor anak ayam tercebur ke dalam got. dia menjerit-jerit. keriangannya segera hilang. induknya panik. tidak bisa menolong anaknya. induknya mulai ikut ribut. kadang ada kucing datang menyergap, membawa lari dan memakan anaknya.

malam hari, tikus-tikus masih mengancam mereka.

biografi seorang golput

orang lain sudah tak ada. perempuan tua itu selalu
berjalan bersama anjingnya. orang lain sudah tak
ada. dari pagi hingga malam. dia selalu pulang
dengan sebuah buntalan terikat rapi. adalah
sampah. perempuan itu tinggal di asrama suster,
sebuah kompleks bangunan tua di menteng. udara
poskolonial pada jendela-jendelanya yang lebar.
bila malam datang, hanya kamar perempuan tua
itu yang lampunya tidak menyala. kamar dan
kegelapan saling membuat kamar. dia berjalan
dan tidak pernah melihat orang lain. orang lain
sudah tak ada, kecuali anjingnya dan sampah.
dia juga tidak tahu tentang partai dan pemilu.
anjingnya juga bukan sebuah suara dalam pemilu.
arsip tentang anjing bertukar rupa dengan data
tentang sampah.

pemilu 1977: hasan basri, aktivis nu brebes,
tewas dan mayatnya dibuang ke sumur. soeharto
tersenyum menyambut kedatangan fred d. hartley,
presiden union oil company dari california. pemilu
berakhir dalam suara-suara teror dan ketakutan.

arsip tentang teror bertukar rupa dengan data
tentang ketakutan. sudah hampir 3 hari orang
tidak melihat perempuan tua itu. pintu kamarnya
tertutup rapat. tak ada salak anjing. bau busuk
mulai tercium. orang mengetuk pintu kamarnya.
orang mendobrak pintu kamarnya. seluruh

kamar sudah penuh sampah. udara poskolonial
membuka jendela. di antara timbunan sampah,
orang menemukan perempuan tua itu telah
mati. rantai anjingnya masih menjuntai dari
pergelangan tangannya hingga ke leher anjing.
sampah-sampah adalah arsip sebuah kota (dan
orang lain tak ada). anjingnya masih duduk setia
di sana. menunggu mayatnya menjadi orang lain.

1987: indeks rehabilitasi ingatan

mesin cetak puisi

poster sudah dicetak. undangan sudah disebar.
puisi stensilan. hari pertama ini puisiku dicetak:
1987. hari pertama malam pembacaan puisi.
malam yang dicetak bahasa yang dicetak.
penonton dicetak duduk di kursi pertunjukan.
gedung dan panggung dicetak. mesin cetak dalam
abad yang berlari. hotel-hotel para intelijen, amnesti
internasional dan suaka politik. jiwaku
berbau kabel terbakar.

di gedung yang lain, sebuah pembacaan puisi
berlangsung antara joseph brodsky dan sebuah
rezim yang memasukkan puisi ke dalam bidikan senjata.

hakim: siapa yang mendaftarkan anda sebagai
   penyair? (*paramiliter membunuh 13 warga sipil
   yang sedang tidur di kota kwamakhutha zulu,
   afrika selatan. selamat malam, johan opperman,
   saya intelijen dari kematian. dan ini tahun 1987*).

joseph brodsky: saya pikir sama dengan siapa yang
   mendaftarkan saya sebagai manusia? (*stasiun
   kroon-tv di san francisco, menyiarkan iklan
   pertama untuk kondom*).

hakim: apakah anda pernah kuliah di perguruan
   tinggi dan belajar bagaimana menulis puisi?
   (*dan kampus telah dicetak*).

joseph brodsky: "saya pikir puisi bukan berasal dari sekolah."

hakim: "lalu dari mana?" (*di china, deng xiaoping mengusir para intelektual pembangkang dari partai*).

joseph brodsky: "saya pikir … *astaga*" (dia seorang rusia atau seorang yahudi atau seorang berbahasa rusia dan menjadi seorang amerika). restoran kentucky fried chicken pertama dibuka di beijing, dekat lapangan tiananmen.

cetakan-cetakan berlalu mencetak tentang *lupa*. aku mencetak diriku seperti poster mengendarai kata-kata *lupa* dan *ingat*. dan kenangan belum dicetak. pembacaan puisi usai. lampu dipadamkan. ibu menungguku di luar. iklan dan propaganda menyiksa kata-kata dalam mesin cetak.

dalam *part of speech* dari joseph brodsky, sebuah dentuman terdengar: … "dan ketika masa depan diucapkan, gerombolan tikus bergegas keluar dari bahasa rusia dan mengunyah sepotong memori yang keras …"

di rumah, pembacaan itu terbayang kembali.. sombong. narsis. itu bukan diriku. itu adalah penyair indonesia. aku hanyalah daging mentah, yang menunggu antrian untuk dicetak.

stempel seorang fluxus

hb jassin masuk ke dalam pertunjukan teater sae tentang *konstruksi keterasingan*. "apakah kritikus sastra boleh masuk ke dalam pertunjukanmu?" dia melihat kata-kata sedang pindah ke dalam mesin. perabotan kayu mulai pindah ke plastik. bau oli dan cerobong-cerobong asap pabrik. aku ingin masuk ke dalam pertunjukanmu. seorang fluxus, robert filliou, masuk ke dalam duduk.

dan aku masuk ke dalam duduk. sebuah biara zen dengan perut yang bolong di kamakura. sebuah pertunjukan tentang hening dari duduk yang di dalam. *kosong* yang membatalkan *isi*. robert filliou keluar lagi dari duduk dan sebuah stempel tentang sesuatu yang *dibuat dengan baik, dibuat dengan buruk* dan *tidak dibuat*:

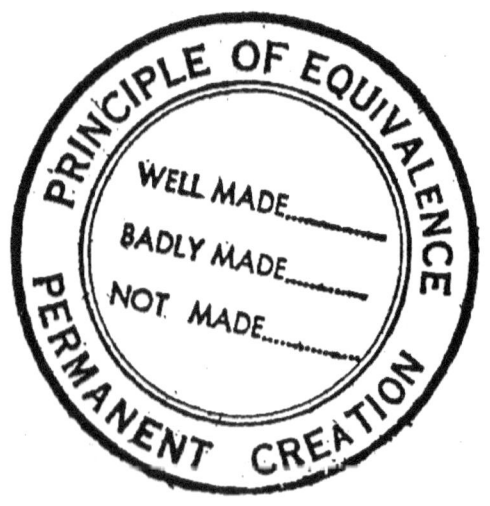

tandailah dirimu ada di mana?

apakah kritik seni bisa dijual dalam kaleng-kaleng
coca-cola tentang laporan keuangan dan semiotika
pasar. (sandinista mulai membuat konstitusi di
nikaragua). aku ingin masuk ke dalam
pertunjukanmu tentang yang-konstitusi dan
yang-kudeta. membuat yang tidak membuat.
di villefranche-sur-mer, george brecht dan robert filliou ber-
temu lalu menulis:

> *selalu ada seseorang yang tertidur dan*
> *seseorang bangun*
> *seseorang bermimpi tertidur seseorang*
> *bermimpi terjaga*
> *seseorang makan seseorang lapar*
> *seseorang berkelahi seseorang mencintai*
> *seseorang menghasilkan uang seseorang*
> *bangkrut*
> *seseorang bepergian seseorang tetap tinggal*
> *seseorang membantu seseorang yang merintangi*
> *seseorang menikmati seseorang sengsara*
> *seseorang acuh tak acuh*
> *seseorang mulai seseorang berhenti.*

seorang fluxus berhenti di depan stempel robert
filliou: sebuah musim semi di biara tibet. waktu
yang keramat pada setiap musim. seseorang yang
berhenti dan seseorang yang *berjalan*. para
astronom terus menambah jumlah galaksi,
12 miliar tahun cahaya yang tak bisa dibekukan
dalam video.

: silakan duduk.
tidak ada siapa-siapa di sini.

sebuah tempat tinggal
dalam waktu

ronald reagan, perdagangan senjata --iran-
contra, para sandera di lebanon. perang teluk. api di ladang-
ladang minyak, api di tanker-tanker minyak. di laut ... rudal-
rudal pemburu menembak gelombang jaman. tetapi waktu
tetap di sini.

aku masuk ke dalam bangunan tua rumah jawa. di
blora: tempat tidur besi tua, jam dinding tua, radio
tua, meja dan kursi tua, lemari tua. tetapi waktu
tetap di sini, walau semua telah pergi.

suara gending jawa sudah terdengar. sepasang
cincin. sebuah janji yang dihadiri tamu-tamu.
aku dan beth, di dalam gedung king's restoran,
lurus memandang sebuah masa depan di antara
bangunan-bangunan kota. "semoga bahagia",
"selamat menempuh hidup baru" dan kado-kado
tentang piring dan gelas. uang mulai memastikan
siapa dirimu hari ini. di bekasi: angsuran rumah,
tagihan listrik dan telepon, rapat rt/rw. ronda
untuk gosip tentang pemilu. baju batik
dan sertifikat tanah di jemuran.

di bekasi, di atas sebuah becak, melewati pasar,
sawah-sawah berganti rumah nasional untuk
pegawai negeri. pohon-pohon berganti antena tv
di setiap atap rumah. tetangga bertengkar tentang
gunting dalam gaji bulanan. terminal bis selalu
macet, bising untuk membayar hutang. – 1987 –

(aretha franklin telah menjadi seorang 'lady soul' pertama, dalam rock'n'roll). suara gending jawa dari gua-gua rumah tangga. tetapi waktu tetap di sini, walau semua telah pergi.

kembali ke satu menit yang lalu

dia duduk bukan selalu dirinya. dia berdiri bukan melulu dirinya. menjadi tidak duduk dan menjadi tidak berdiri. dia tahu bahwa dia bukanlah ciptaan dirinya sendiri. pohon bambu menyimpan hujan pada daun-daunnya. angin akan membunyikan batang-batangnya. siapakah yang menciptakan joseph stalin?

kota petersburg, seperti ledakan api dalam alkohol. tsar jatuh. salju bercampur tanah hitam. joseph stalin, sebuah nama dalam indeks perubahan abad 20. "siapakah kamu, dalam sebuah bank yang telah dijarah?" *dokter zhivago* membuat bayangan lain dari para pengungsi, kelaparan dan kemiskinan. gandum akan membunuhmu, malam yang menyimpan pisau panjang ke dalam gelap. dia adalah seorang borjuis, dibesarkan oleh puisi dan musik: boris pasternak.

sebuah novel menyelundupkan dirinya sendiri, terbit di italia dan bergegas merebut nobel. di manakah revolusi bolshevik dalam seorang zhivago? dunia fiksi digeledah untuk daftar "orang-orang yang dibersihkan". – *pelacur sastra* – *kotoran babi*. boris pasternak dikeluarkan dari serikat penu-lis soviet.

pagi hari, ketika cahaya matahari berkilau, seperti
sisa mentega di atas pisau roti: "apakah aku salah,
aku akan melanjutkan hidupku hingga akhir di
sini. dan ini bukanlah tugas kekanak-kanakan."
andy williams dan *somewhere my love* pagi itu: *di
suatu tempat, cintaku, akan ada lagu untuk
dinyanyikan. meski salju menutupi musim semi.*
paris jatuh. warsawa jatuh. berlin jatuh.

dia hanya membuat jarak antara yang bisa
diukurnya dengan yang tidak bisa diukurnya.
ada kenyang yang terus hidup dengan cara
lapar: *apakah kamu baik?* mengukur hubungan
tulang-tulang dengan napasnya. dia duduk bukan
kanan dia berdiri bukan *kiri*. dia mungkin sedang
menjadi barat di timur dan timur menuntunnya
menjadi barat. ideologi-ideologi dikosongkan dari
indeksnya: apakah kau *masih* seorang rasis?

glasnost dari mikhail gorbachev adalah
rehabilitasi masa lalu. para penyair berkumpul,
memasukkan lagi boris pasternak ke dalam
lingkaran para penulis soviet, setelah 27 tahun
menjadi mayat. salju 1987 masih turun dalam
januari. ali hamadi ditangkap di bandara frankfurt,
dengan bahan peledak cair di kopernya.

    aku ingin kembali ke satu menit yang lalu.

dan itu tidak bisa.

konferensi pers
sebuah puisi

sebuah puisi dalam sebuah konferensi pers.
penyair boleh siapa saja (atau: boleh tak hadir).
pecahan makna dalam galaksi kata, bukan
ledakan. cerita mengejar kecepatan kamera para
jurnalis, di bawah tatapan investor. seorang
astronom, ian shelton, menemukan semburan
cahaya ganas di langit. mata telanjang dari
170.000 tahun cahaya. ledakan sebuah supernova,
menembus awan magellan. dalam kamp
auschwitz, primo levi, mencat bintang mati dalam
puisinya *the survivor* (antara kimia dan fasisme):

> *rahang bergerak dalam mimpi mereka*
> *mengunyah lobak yang tak ada*
> *...*
> *pergi. aku belum mengusir siapa pun*
> *belum merebut roti siapa pun*
> *....*
> *bukan salahku jika aku hidup dan bernapas."*

bintang-bintang membekukan penggaris. dan
penggaris pindah ke penggaris lain: mengukur
belokan jarak makna, dan kata tak hadir. sebuah
konferensi pers: puisi, honor, dan bis antar kota
adalah tema para penyair di banyak kota di jawa.
dan bis berangkat. ini boedi s. otong ini wiji thukul
ini nurhidayat poso ini eko tunas ini subhanuddin
alwi. teman-temanku adalah ladang kata-kata
dalam bayangan sensor politik dan tabu-tabu.

AFRIZAL MALNA

ini joko pinurbo ini dorothea rosa herliani ini abidah el qaliqi
ini triyanto triwikromo ini acep zamzam noor. nama-nama lain
tenggelam dalam senda-gurau dan duka-lara. ini kriapur ini godi
suwarna ini anis ini aming aminoedin ini wijati ini beni setia. ini
diro aritonang. kamus bahasa Indonesia telah duduk pada tiket
bis yang disobek: tegal, pekalongan, semarang. pinjam uang
pada koran *surabaya post, kompas*. pinjam uang pada koran *sinar
harapan, pikiran rakyat, suara merdeka, jawa pos* untuk naik bis
dan pil bodrex. dalam sebuah konferensi pers yang disiarkan
televisi, budd dwyer mengusir seluruh wartawan. "aku seorang
politikus dan bendahara negara dalam berita konspirasi dan suap."

kamera-kamera berkeliling haus darah. pistol dari dalam amplop
telah pindah. dan ledakan sunyi dalam sebuah mulut. budd dwyer
melepas hening yang terakhir. perusahaan asuransi membeli
lukisan "bunga matahari" vincent van gogh seharga $ 39,85 juta.
microsoft mengeluarkan *excel* untuk keuangan dunia. para penyair
tak hadir dalam sebuah konferensi pers. pasukan irak menyerang
desa-desa kurdi. senjata kimia dan indeks abad 20. seorang aktivis
ham aljazair, ali mecili, jatuh dengan tiga peluru di paris. para
ekstremis tamil di sri lanka dan kudeta sitiveni rabuka di India.

sebuah konferensi pers dalam bis kota: yogya, solo, surabaya,
malang, sumenep. sebuah bom meledak di pelabuhan piraeus,
yunani. bis kehabisan bensin. bannya bocor dan kempes. para
jurnalis membicarakan politik kamera dalam puisi.

sebuah bintang mati dalam sebuah cerpen primo
levi. tentang laboratorium kimia dalam pabrik
cat di italia. kematian yang melewati anak-anak
tangga dan sampai di bawah yang tak berwarna.

mistik jawa
di malam minggu

malam minggu telah melepaskan pakaiannya. asap rokok, musik dangdut dan bir malam. pintu kamar telah dikunci. dan malam minggu dalam telanjangnya. surabaya masih terjaga di atas sebuah becak, menunggu malam minggu di setiap malam. joko, seorang wartawan mistik jawa, memberiku satu gelas telur setengah matang. hangat dan amis dalam susunya.

"peluklah aku," kata sidharta. "ciumlah keningku. aku menunggumu di candi mendut." patung-patung budha berserak. sebagian kepalanya telah dicuri. patung durga menatapku: "tinggalkan istana dan tinggalkan kekasihmu." malam minggu telah telanjang. bibir yang mencari merah dalam sebuah meditasi. di bawah sebuah pohon beringin tua, waktu tersimpan dalam hening. dia sudah di sini 400 tahun sebelum kamu di sini. dinding-dinding mataram masih berdiri di bawah harga tiket masuk. dan seorang ratu di laut selatan.

wedang jahe dan tempe goreng telah dibuat. kebun-kebun hijau di punggung gunung merapi. bau matahari pagi telah diawetkan dalam bahasa jawa. ini hedi sentosa, landung simatupang, linus suryadi ag, mbak suci dan bambang ginting. tentang mistik jawa dan politik dalam asap kemenyan. dukun-dukun di balik kursi-kursi

kekuasaan. asap biru, halus, keluar dari pusarku.
sebuah keris jawa dari majapahit.

di stasiun gubeng, surabaya. seorang tak kukenal
memberi sebuah bungkusan kecil dari kertas.
"ini untukmu. simpanlah hanya untukmu." lalu
dia pergi, seperti tak pernah datang dan kereta
datang.

dalam bungkusan itu: *selembar rambut.*

drama becak

Becak. Sumber: *Three Lions/Getty Images*.
https://finance.detik.com/foto-bisnis/d-4232693/melihat-transportasi-umum-tempo-dulu/5

Charles Breijer. Sumber: koleksi Nederland Fotomuseum

Becak Surabaya: https://i.pinimg.com/originals/aa/a5/f0/aaa5f04a5c44293885fe4973f8cc2e80.jpg

Sumber: *Republika*

Sumber: *Warta Kota*

duduk di dalam becak, terbayang 6 ekor kuda menarik kereta kuda membawa gubernur jenderal mossel. merosotnya komoditi gula, penyulingan arak, hutan-hutan yang hilang untuk kayu bakar dan batavia. sampah kota, diare, .milisi, para bandit dan jual-beli keamanan. banjir yang mengepung dari hulu dan hilir. bangkrutnya voc, proklamasi kemerdekaan, nasionalisasi sejarah kota. semua kegilaan atas formalisme dan hirarki yang berseberangan dengan becak. teluk jakarta menerimanya, ribuan becak di dasar laut. pulau-pulau dan jembatan baru dibangun untuk "sang ratu dari timur", untuk impian atas *mooi indie* dari para pemilik uang dan kekuasaan. impian yang datang bersama ombak, memecah jadi buih, sedih dan berdarah. di dalam becak, sebuah impian biasa, kota tanpa peradaban tinggi, terkurung di dasar laut. monumen rakyat biasa yang bercampur bersama semua garam dan ikan-ikan.

Sumber: *The Jakarta Post*

suara mesin tik di pemakaman

aku masih mengetik malam itu. di antara ketakutan: suara mesin tik akan membangunkan malam. orang-orang tidur yang terusik suara mesin tik.

ose, temanku, sang "orang-orang puisi" itu seperti berdiri di pintu masuk. tidak. aku sedang mengetik dan ose sedang dirawat di rumah sakit. tapi ose berdiri di depan pintu yang tertutup. tidak. aku sedang mengetik dan sudah sejak tadi pintu aku kunci.

"masuklah."

ose sedang dirawat di rumah sakit. levernya bengkak. tubuhnya berwarna kuning. dua aliran selang oksigen di hidungnya. napas dan jantungnya bekerja lambat.

"masuklah."

pagi hari aku menerima telepon: ose telah meninggal semalam. di pemakaman, aku berdiri bersama ose menyaksikan ose akan dikuburkan. pidato pemakaman. sanak keluarga menangis. jenazah diturunkan. tanah berjatuhan mengubur jenazah ose. aku dan ose ikut mengambil butiran-butiran tanah dan melemparnya ke dalam makam.

roh-roh mengelilingi mesin tikku. suaranya berbunyi: *tulis, tulis, tulis.* dalam novel *norwegian wood*, haruki murakami, seorang kekasih terus bercinta dengan hantu kekasihnya yang telah mati. cahaya bulan menerangi pantatnya yang telanjang, dan pagi di sebuah musim sakura. "masuklah." orang tidak perlu punya alasan untuk bunuh diri. roh-roh membuat cahaya bulan di atas mesin tikku. (perdana menteri lebanon, rashid karami, terbunuh dalam bom helikopter. di berlin barat, ronald reagan berteriak: "tuan gorbachev, buka gerbang ini! tuan gorbachev, hancurkan tembok ini." konser david bowie dalam tembok yang membelah berlin, antara perang dan budaya pop. erich honecker menembus tembok, perjalanan pertama dari jerman timur ke barat): mikhail gorbachev tiba, tubuhnya dalam udara amerika. sebuah ujung abad, akan tenggelam dalam mesin tik.

mesin tik yang lapar. mesin tik yang dirasuki roh. mesin tik yang gentayangan. mesin tik yang bunuh diri dalam kamus ketakutan.

sebuah bola basket jatuh. aku dan ose meninggalkan pemakaman. batu nisan, seperti kotak pos, kehilangan alamatnya.

"masuklah." aku sudah di luar.

makan malam bersama bakteri dan virus

atap rumah nurhidayat rendah. panas. angin tidak
bisa masuk. "aku butuh angin. beri aku oksigen."
angin berjalan-jalan bersama becak dan martabak
di tegal. aku bersama boedi. sepanjang malam
batuk mengguncang tidurku. tikus-tikus sedang
menggali paru-paruku. kepalaku pusing. tubuhku
bertambah kurus. warna kulitku bertambah hitam
dan kering. rambutku mulai rontok.

pagi hari boedi mengajakku berjalan keluar
dari batukku. mencari oksigen. merayu cahaya
matahari. antibiotik di dalam udara. tapi
batuk kembali menyeretku. udara adalah tiang
gantungan. namaku "bakteri". namaku "virus". aku
mencari arti kata dalam kamus:

bakteri: makhluk hidup terkecil bersel tunggal
terdapat di mana-mana. dapat berkembang
biak dengan kecepatan luar biasa dengan jalan
membelah diri. ada yang berbahaya dan ada yang
tidak. dapat menyebabkan peragian, pembusukan,
dan penyakit.

virus 1: mikroorganisme yang tidak dapat dilihat
dengan menggunakan mikroskop biasa. hanya
dapat dilihat dengan menggunakan mikroskop

elektron. penyebab dan penular penyakit, seperti cacar, influenza, dan rabies.

virus 2: program ilegal yang dimasukkan ke dalam sistem komputer melalui jaringan atau disket sehingga menyebar dan dapat merusak program.

pagi hari virus belum menyerang mesin tikku. aku bangun, tetapi tubuhku tak bisa bangun. tulang-tulang dalam dadaku telah porak-poranda oleh virus ilegal. saling menusuk satu dan lainnya. aku bangun, memerosotkan tubuhku dari tempat tidur. seperti seorang serangga kafka, aku merayap ke dapur membuat teh hangat. slobodan milosevic melakukan kudeta istana di serbia. teh hangat masih di tanganku. dan serangan bersenjata kolonel honasan atas corazon aquino di filipina.

di rumah sakit saint carolus, dadaku dirontgen. sebuah potret hitam-putih, paru-paru berkabut. udara tropis. lembab. dan sebuah titik hitam di sudut atas kiri paru-paru. jurnalis amerika, charles glass, melarikan diri dari penculikan di beirut.

aku pulang dari rumah sakit rasanya tidak lagi pulang sebagai diriku. melainkan sebagai tubuhku. sebuah stasiun hidup, tempat sesuatu berjalan dan berakhir.

diskusi on-off

iran melepas rudal silkworm, menghantam supertanker amerika dalam bendera liberia. badai besar menutup pasar saham di london. harga mulai goyang. badai di dalam dan di luar. pasar saham hong kong, rontok. ekonomi bergerak dalam hitungan menit untuk meleleh, antara minyak mentah dan saham. *on-off*. senin hitam menyeberang ke eropa, amerika, menjadi selasa hitam untuk australia dan selandia baru. rupiah kembali menggigil setelah devaluasi 1986. *on-off*. manusia dan teknologi adalah tema yang dikirim dari frankfurt school. kota baru bangun jam 3 sore nanti. ayam kampung sudah mencari makan ke mana-mana, mencari yang masih bisa dimakan di halaman tetangga. di sepanjang sungai heilongjang, batas antara cina dan rusia, api untuk 20 juta hektar hutan black dragon. 3,7 juta hektar hutan terbakar di manchuria. teman-teman sudah berkumpul di yayasan hatta. selamat datang dalam diskusi ini. halim hd, fauzi rizal, simon hate. diskusi tentang *on-off*. puisi liar dalam hitungan sistematik poin-poin saham, minyak mentah dan tombol rudal.

kamera yang menangis, marah dan kelaparan

sebuah kamera polaroid memotret dirinya sendiri, dan toko-toko penjual kamera film bertambah banyak. sebuah kamera asa 3000 menembus kegelapan. ilona staller, artis porno italia, terpilih jadi anggota parlemen. yang tak boleh dipotret telah dipotret. perempuan-perempuan di malaysia kampanye anti-kekerasan suami terhadap istri. lelaki bangsat yang diresmikan dalam surat nikah. sebuah mesin fotocopy sedang menyiapkan reformasi. yang terjadi di rumahmu menjadi tontonan dunia. potret.

potret. suara sebuah musim terdengar seperti kaleng jatuh. wallace broecker tentang efek rumah kaca, arus samudra atlantik dan perubahan iklim yang ekstrem. apakah planet bisa didinginkan di dalam kulkas. sebuah pagi dalam kamera dan laut pasang yang tak biasa. ratusan lumba-lumba mati di pantai di new jersey. kelaparan melanda ethiopia.

kamera masuk. *potret.* seorang balita dan suara yang sekarat. kelaparan di sudan dan tubuhnya sebentar roboh. seekor burung nasar menunggu bangkainya. kevin carter, fotografer itu, menangis: apakah aku memotretnya atau menolongnya? di dalam sebuah truk, di tebing sungai bramfontein spruit, johannesburg. kevin bunuh diri, dua bulan setelah mendapat pulitzer prize dari foto itu. tak

Kevin Carter: Starving Child and Vulture, 1993. Koleksi: *Time*

ada yang tahu: *siapa nama balita itu*. di manakah tempatnya subjek, dalam industri media. perang, kelaparan, kematian, dan berlalu menatap kamera.

musim semi 1989 di lapangan tiananmen, ribuan mahasiswa mogok makan. *keadilan* dan *demokrasi*, dua kata yang lelah dalam peradaban. tank dan senjata diturunkan melawan mogok makan. sebuah foto jeff widener, seorang demonstran berkemeja putih lengan panjang, tas di tangan dan celana hitam, menghadang barisan tank. foto menyebar ke seluruh dunia. *tak ada yang tahu siapa lelaki itu*.

rehabilitasi inferno

seks disegel dengan pita merah. hiv menyerang sistem kekebalan tubuh. aids membuat daftar kematian dalam indeks abad 20.

 seorang siswa mati di bawah kekuasaan chun doo-hwan. jutaan orang membanjiri jalan-jalan di seoul.

 ashley kriel, aktivis anti-apartheid, terbunuh di afrika selatan.

 chiang ching-kuo, mengakhiri 37 tahun darurat militer di taiwan.

 kartunis palestina, naji al-ali, ditembak di london.

 leandro alejandro dibunuh di filipina.

16 Agustus 1987: ribuan orang di seluruh dunia merayakan "konvergensi harmonis" untuk perdamaian dunia. philip glass menyusun *violin concerto*.

aku berdiri di puncak gunung fuji. namaku hulda
crooks. seorang nenek 91 tahun. dan gunung
itu memelukku. fosil pertama dinosaurus di
argentina, tentang usia masa lalu dari puluhan
juta tahun berlalu.

15 menit dalam toko furnitur

aku dan beth di sebuah toko furnitur di bekasi, tentang lemari dan kursi-kursi.

- lemari apakah yang tidak menyimpan ketakutan, sayangku?
- lemari yang tidak tahu bahwa kuncinya ada di dalam.

ruang tamu terbuat dari meja dan kursi. kita harus mulai menciptakan tamu-tamu dari dering telepon. sebuah lukisan dan jam dinding, tentang cara-cara menciptakan sebuah keluarga dari kaleng *campbells* andy warhol. tomato soup: *dalam waktu 15 menit setiap orang bisa terkenal selama 15 menit*. pabrik-pabrik "satu rasa untuk semua orang". karya seni dimasukkan ke dalam kaleng-kaleng coca-cola tentang semiotika pasar. masa-depan sedang diciptakan dalam budaya pop.

di toko furnitur itu, bersama beth, aku bertemu lagi dengan cinta pertamaku. dia bersama keluarganya. anaknya seorang perempuan menjelang remaja. senyumnya seperti pasta gigi dan sebuah bando di rambutnya. dia seperti menciptakan kembali ibunya, dalam tubuhnya, dan menatapku: 15 tahun telah berlalu seperti 15 menit yang lalu mengabadikan senyum ibunya.

beth membawaku minum es krim. melupakan ruang tamu, melupakan andy warhol dan cinta pertama.

di pengadilan agama, kami berpelukan, bergandeng tangan dan berpisah. sebuah keluarga dalam 15 menit telah sirna. aku melangkah meninggalkannya. tetapi aku tidak pernah meninggalkannya. dia melangkah meninggalkanku. tetapi dia tidak pernah meninggalkanku. sebuah toko furnitur ditabrak masa depan. lemari-lemari berdebu. buku-buku berdebu. seorang novelis afro-amerika, toni morrison, bertanya tentang makna hidup. apakah perlu menjawabnya. apakah anda pernah menangis.

di luar rumah: angin dan cahaya masih di sini. tetapi, sesuatu sudah tak ada.

empat peristiwa dalam empat bidang

19 oktober 1987
dua stasiun kereta mengendalikan dua kereta di atas jalur kereta. dan jalur padat. *rangkasbitung-jakarta* >< *tanah abang-merak* meluncur di jalur rel yang sama. sinyal kereta terkejut. dua kecepatan di atas satu rel. tanda langsir terkejut. bendera merah dan suara alarm tenggelam dalam kecepatan 30 km per jam >> benturan menabrak ledakan. besi dan daging. suara jeritan, sirene ambulan dan kematian di bintaro. suara anak-anak yang hilang membawa waktu. suara ibu yang hilang membawa pelukan.

24 agustus 1988
televisi republik indonesia ulang tahun ke 26. harmoko, menteri penerangan, minta menghentikan "lagu-lagu cengeng". televisi, panggung utama setiap 5 tahun presiden dilantik, betharia sonata bernyanyi tentang "hati yang luka", endang s. taurina bernyanyi tentang "aduh abang aduh sayang".

3 s/d 25 oktober 1987
teater koma mementaskan *sandiwara para binatang*.

aku terbangun di luar bidang. teriakan-teriakan di malam buta. langkah-langkah kaki menggetarkan lantai. anak-anak menangis. teriakan perempuan lebih nyaring. suara gemeretak dan sesuatu roboh. api sedang memakan rumah demi rumah di kampungku. warga membawa air dari mana pun. tenaga menjadi berlipat ganda di tengah bencana. jalan di kampung tidak cukup lebar untuk bisa dimasuki pemadam kebakaran. setelah itu, setiap menjelang tidur, sebuah kampung seperti terbakar di bantalku. suara-suara teriakan untuk menemukan kata *tolong*.

27 juli 1996
dua kekuatan dalam satu partai menentukan indeks indonesia. gerakan reformasi mulai bersuara. militer dan polisi membuat lingkaran sumbu kompor. kantor partai demokrat indonesia di jl. diponegoro, diserbu di ujung pertunjukan terakhir sebuah rezim. batu dan paving block berhamburan. sebuah pagi jam 6.35: sebuah serangan fajar. massa menyebar dan mulai menggenggam agenda reformasi. orang-orang mulai diculik dan hilang. putri pertama dari presiden pertama, masuk ke dalam bahasa politik orde baru, yang pernah menggulingkan bapaknya. gerakan-gerakan pro-reformasi bersatu. sebuah logika sedang meleot di ujung kekuasaan. rasa takut mulai ditinggalkan sebagai barang palsu.

janis joplin di braga

sebuah mobil berlari kencang. rem berderit menumpahkan vitamin c. sebuah mobil menghadangku. seorang perempuan membuka pintu mobil. aku masuk. mobil kembali berlari kencang. sebuah patung keramik hancur dalam hujan.

"kita ke mana, rub?" bandung tidak pernah malam.

di braga. dua gelas cocktail. *to love somebody* dari janis joplin.

sebuah tempat tidur
terbakar dalam malam

kosakata *pos kota*

basel münster

kereta membawaku masuk ke dalam gereja. udara klasik dari satu milenium yang lalu. bangunan pasir merah menyimpan rongga-rongga untuk dingin.

uskup justinianus berbisik:
    – di sini tak ada tempat untuk berhenti

di luar gereja (slamet abdul sjukur membuat konser dalam rongga-rongga mulut). langit di ujung musim dingin. sebuah gereja dalam kereta: paspor, kartu tahun baru, mantel hangat, tas prada dari milan. *glasnost* ... glasnost. negara-negara soviet melepaskan diri dari moskow. polandia, hongaria, lepas. cekoslowakia, bulgaria, lepas.

di potsdamer platz, glienicker brücke, bernauer straße, benteng brandenburg >> tembok berlin runtuh. anggaran militer dipangkas. modernisme berakhir. senjata nuklir dikubur. modernisme direhalibitasi.

sebuah pertunjukan teater dari minyak kayu putih. tentang *migrasi dari ruang tamu di bern*.

dia telah dewasa

suara orang kampanye, nama partai dan tuhan
dalam pemilu. bahasa sasak di praya dan puisi
rendra tentang "anak cucu sulaiman".

"apa kabar ayah?"
20 tahun kemudian, jilan, anakku, bertanya.
("aku baru mengantar ibu ke rumah sakit").

- ayah, jaga kesehatanmu.
"20 tahun sebelum ayahku mati".

"aku lahir di jakarta, 6 november 1995," kata jilan.

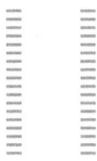

mesin fotocopy terus berputar, tak tahu dirinya
telah bertukar dengan mesin printing.

rotterdam

kereta bayi di atas salju. undangan makan malam untuk jilan. seorang balita di antara penyair-penyair dunia. linda owen memindahkan puisi ke dalam bahasa belanda. pengadilan untuk para diktator di den haag.

breyten breytenbach mengajakku duduk satu meja: "untuk seorang penyair peranakan indonesia yang ditembak mati di cape town," katanya. nelson mandela telah dibebaskan dari 27 tahun penjara apartheid.

seorang fotografer memotretku: "bagaimana perasannmu berada di negeri yang pernah menjajahmu?" dia perempuan dan segenerasi denganku. salju pertama menyentuh tubuhku, tanpa termometer. makan malam tanpa sendok dengan seorang penyair israel, tentang kuda yang berontak pada jendela kaca.

"aku memasang 1000 telinga untuk puisi-puisimu," seorang penyair amerika dengan topi lebar. bahasa indonesia terasa manis di antara wine dan puisi. meredith monk mencekik kata-kata dalam piano yang terbelah.

jam 10 pagi, kereta akan berangkat ke koeln.

ms-dos c:\>doc

aria kusumadewa memberiku sebuah komputer.
selamat tinggal mesin tik, *selamat tinggal* wesel,
selamat tinggal kartu pos, *selamat tinggal*
telegram. dan sebuah rumah sakit jiwa baru untuk
para penulis:

dir c:/doc > dengan 250 mb, aku pindah ke dalam
bahasa cahaya yang tak bisa meninggalkan kata
cahaya.

museum
keluarga

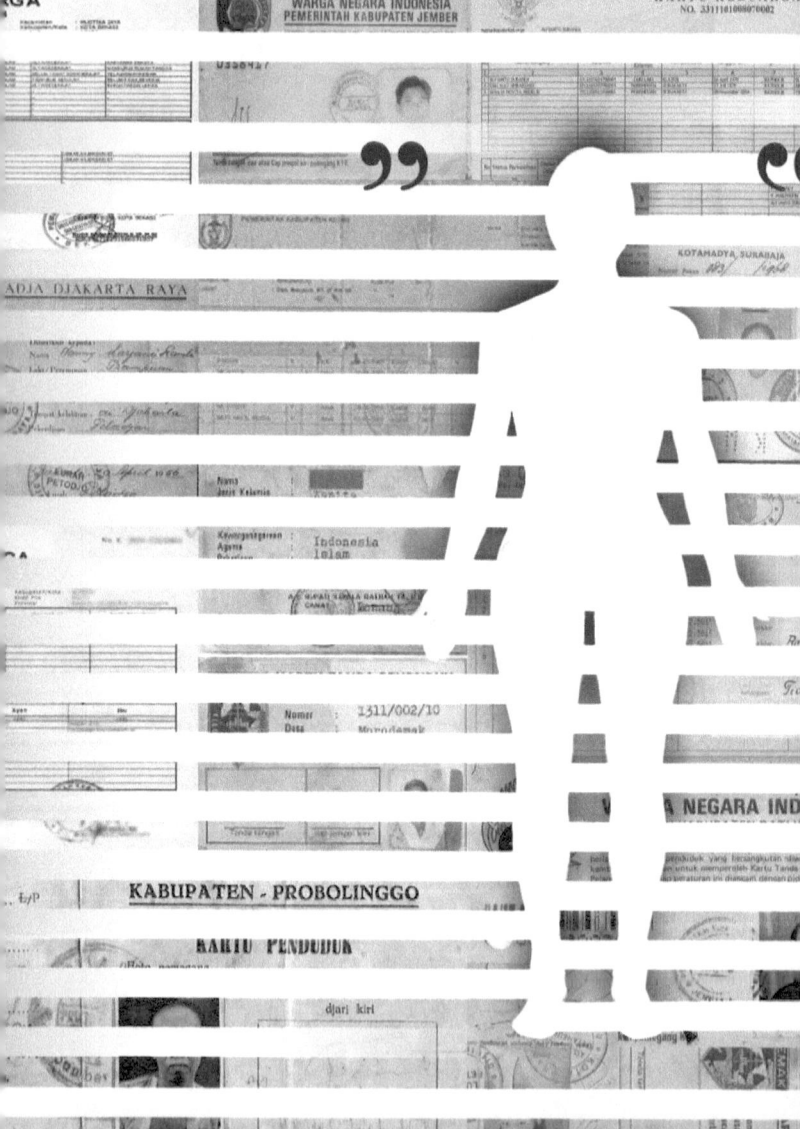

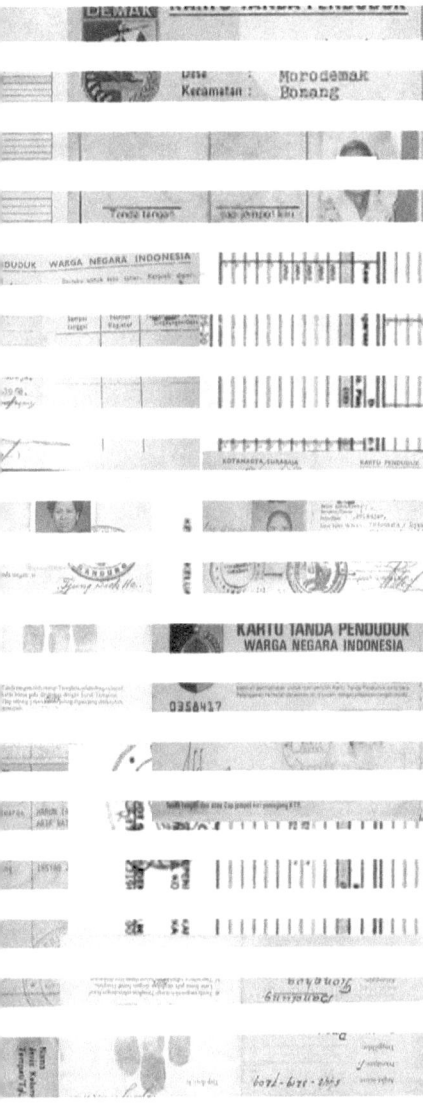

255

1997: jurnalisme tubuh mutan

barners le proposal: *hypertext*

www

    .firm
    .store
    .web
    .arts
    .rec
    .info
    .nom

garis waktu kata-kata

timelines of history 1997 dua kali lipat lebih tebal dibanding 10 tahun lalu. penggunaan internet bertambah luas di banyak negara. indeks indonesia naik signifikan dalam pencatatan *timelines 1997*, tentang krisis ekonomi, merosotnya nilai rupiah, kebakaran hutan, teror orde baru untuk menyingkirkan gerakan pro-reformasi, kerusuhan yang banyak menjadikan peranakan cina sebagai korban. kegagalan melepaskan indonesia dari pandangan-pandangan rasialis dan intoleransi. kekuasaan suharto yang panik di ujung usia dan di atas singgasana yang goyah. penyair wiji thukul diculik dan lenyap, meninggalkan kata "lawan" yang dipakai para penggerak pro-reformasi.

sisa-sisa perang dingin membelah bagaimana sejarah dibaca kembali di antara kacamata "ortodoks", "revisi" dan "pasca-revisi" untuk banyak nuansa dalam sirkulasi ruang sejarah yang kompleks. pembantaian masih terus berlanjut di rwanda dan aljazair. perang mengangkat indeks pengembangan teknologi dan industri, tetapi juga pembantaian, kematian dan korupsi. korea utara kelaparan, seperti negara yang dibangun dalam penjara. hiv, kanker dan virus-virus baru bermunculan. pemanasan global kian nyata mengubah iklim. laboratorium-laboratorium mikrobiologi kian menyentuh rahasia gen, dna, pencangkokan organ tubuh, operasi plastik dan

kloning manusia. perang baru >> hardware,
software, virus, hacker, para peretas di era digital.

tapi malam tahun baru tetap dirayakan. petasan,
kembang api untuk masa depan yang lelah.

ilmu pengetahuan
dari plastik

manusia adalah kegilaan memberi nama-nama,
batas-batas, membiarkan para tukang jagal
berkeliaran di antaranya. bukankah aku telah
menggenggam tanganmu:

2 januari 1997, 90 mil di lepas pantai jepang,
kapal tanker minyak rusia, nakhodka, pecah terbelah
dua. membawa 5 juta galon bahan bakar minyak.
laut bercampur minyak 110 mil barat laut tokyo.

februari 1997, 3.000 singa laut mati karena
tumpahan minyak 200 ton dari kandasnya kapal
panama jorge di dekat pulau lobos, lepas pantai
uruguay.

2 maret 1997, badai tornado melanda arkansas.
banjir besar di lembah ohio. 41 orang tewas.

4 maret 1997, presiden clinton melarang
pengeluaran dana untuk kloning manusia.

19 april 1997, tanggul sungai merah di dakota
utara banjir, tanggul di grand forks pecah. 50.000
penduduk dievakuasi.

28 april 1997, sejenis penyakit sapi gila membunuh
rusa di fort collins di colorado dan wyoming.

penyakit ini membuat otak berlubang dan fatal untuk manusia yang tertular.

9 mei 1997, seorang bocah laki-laki berusia 3 tahun terserang flu dan meninggal di hong kong. kemudian diidentifikasi sebagai flu burung.

10 mei 1997, sebagian penduduk terinfeksi penyakit chagas di bolivia. penyakit ditularkan oleh serangga triatomine. parasit trypanosoma cruzi yang dibawa serangga, dapat memasuki aliran darah melalui kulit yang tergores, menyebabkan kerusakan saraf, pembengkakan jantung dan usus besar.

31 mei 1997, lebih dari 60 anjing laut mati, karena memakan ikan yang menelan alga beracun di lepas pantai atlantik mauritania. diperkirakan sekitar 350 jenis anjing laut (monk) ini yang tersisa di seluruh dunia.

22 juni 1997, 34 juta hektar hutan hilang setiap tahun di seluruh dunia, karena penebangan dan pembakaran.

27 juni 1997, sekitar 42 anjing laut mati tersapu ke pantai di point reyes national seashore, california. penyebab kematian tidak diketahui.

2 juli 1997, tanker minyak diamond grace, kandas di teluk tokyo. menumpahkan 390.000 galon minyak.

9 juli 1997, di thailand, gajah mati di kebun nanas. keracunan bahan kimia. hanya sekitar 500 gajah

yang tersisa di negara ini.

14 juli 1997, banjir monsun menewaskan
sedikitnya 64 orang di bangladesh.

18 juli 1997, delapan importir yang menyelundup-
kan makanan laut yang terkontaminasi, ditangkap
di california.

24 juli 1997, presiden clinton mengadakan simpo-
sium tentang pemanasan global di gedung putih.

18 agustus 1997, topan winnie melanda
taiwan, menewaskan 24 orang.

21 agustus 1997, gelombang pasang dari topan
menghantam dan menghancurkan sekitar 700.000
ton jagung di korea utara. 28.000 orang kehilangan
tempat tinggal.

25 agustus 1997, perusahaan dow corning
menawarkan $ 2,4 miliar untuk menyelesaikan
klaim lebih dari 200.000 wanita, korban akibat
payudara silikon.

agustus 1997, wabah belalang menyebar di chad.

15 september 1997, dua dari obat diet yang paling
populer, dexfenfluramine dan fenfluramine - ditarik
dari pasar, karena menimbulkan kerusakan hati.

28 september 1997, kebakaran hutan di california
membunuh ternak dan sekitar 1500 orang
dievakuasi di kabupaten yuba.

29 september 1997, tumpahan 10.000 galon minyak terjadi di lepas pantai santa barbara dari pipa bawah laut ke anjungan minyak lepas pantai.

8 oktober 1997, sekitar 420 orang di papua bagian barat meninggal selama 23 bulan terakhir, karena kelaparan dan penyakit, akibat kemarau yang panjang.

9 oktober 1997, badai pauline menyapu acapulco, menewaskan 132 orang di meksiko.

18 oktober 1997, badai tornado menewaskan 22 orang, melukai lebih dari 400 orang di biswa ijtema, situs untuk pertemuan jamah muslim terbesar ke-2 setelah ziarah haji di arab saudi.

26 oktober 1997, ratusan burung pantai hanyut terbawa arus sepanjang 25 mil pantai monterey bay. minyak sarden yang tumpah ke teluk melekat pada bulu burung, mengganggu kemampuan burung untuk terbang.

oktober 1997, semut merah, solenopsis invicta, ditemukan di dekat lost hills di kern county. mereka datang dari texas menggunakan sarang lebah yang dikirim untuk menyerbuki bunga badam.

10 november 1997, hilangnya 20 spesies ikan komersial sejak tahun 1970 di laut hitam. praktek-praktek industri, pertanian dan perikanan menyebabkan runtuhnya ekosistem laut hitam pada akhir 1980-an. populasi lumba-lumba turun menjadi 250.000 dari 1 juta pada tahun 1970-an,

dan kerang biru mengalami penurunan serius karena polusi.

10 november 1997, iklim el nino menyebabkan banjir di lembah sungai juba di somalia. sekitar 800.000 orang kehilangan tempat tinggal. korban tewas meningkat menjadi 564 orang.

15 november 1997, badai selama tiga minggu di ethiopia, meluapnya sungai shabelle. menewas= kan sedikitnya 1.000 orang. sekitar 100.000 keluarga kehilangan tempat tinggal, konflik dengan buaya dan kuda nil. meluapnya sungai juba di somalia menewaskan 297 orang dan 65.000 orang dievakuasi.

29 november 1997, paus berat 70 ton meninggal di pantai utara spanyol karena menelan 30 kantong plastik, sarung tangan karet dan benda-benda plastik.

29 november 1997, tikus raksasa yang menjadi gemuk karena makan kotoran unggas yang dige- mukkan oleh hormon, menyerang lumbung hewan di pinggiran maipu, santiago.

1 desember 1997, pembicaraan internasional tentang pemanasan global dan pengurangan gas rumah kaca dimulai di kyoto.

7 desember 1997, sekitar 19 paus sperma hanyut di sepanjang pantai laut denmark dan jerman.

7 desember 1997, populasi harimau dunia turun menjadi 6000, dari 100.000 seabad lalu. tersisa di

india (benggala), sumatra, cina, indo-cina, dan amur (siberia).

14 desember 1997, para astronom mendeteksi ledakan paling terang di galaksi berjarak 12 miliar tahun cahaya.

16 desember 1997, di jepang, sekitar 700 pemirsa tv berusia muda, menderita mual dan kejang seperti epilepsi, setelah menonton acara kartun animasi "pokemon" yang menampilkan warna-warna cerah.

29 desember 1997. pemerintah hong kong berencana mulai membunuh lebih dari 1,4 juta ayam untuk memerangi flu burung. empat orang meninggal karena penyakit itu.

1997, di cina, lumba-lumba air tawar di sungai yangtze, yang dikenal sebagai lumba-lumba baiji, diperkirakan hanya tinggal sekitar 17 ekor. lumba-lumba ini selama berabad-abad dalam legenda cina, dikenal sebagai dewi yangtze.

1997, sebuah virus menyerang desa nipah di malaysia, menewaskan 105 orang. sebagian besar terlibat dalam industri peternakan babi. sekitar 1,2 juta babi hancur. epidemi ini terkait dengan pembakaran hutan hujan, dan kelelawar mencari sumber makanan baru yang menularkan virus ke babi, kemudian ke manusia.

1997 sekitar 55 juta tikus terbunuh di vietnam.

1997-1998 cuaca ekstrem akibat pola cuaca el nino
di samudra pasifik menewaskan sekitar 23.000
orang di seluruh dunia. kerusakan di wilayah
amerika latin diperkirakan mencapai $33 miliar.
suhu permukaan melonjak di samudra pasifik
menyebabkan kematian 16% karang di seluruh dunia.

"genggamlah tanganku," katamu. keindahan yang
menakutkan. cahaya dan gelembung-gelembung
nyata. ozon telah berdiri di depan pintu.
termometer pecah. dan aku sudah sampai ke titik lepas.

kebakaran hutan

9 agustus 1997, kebakaran besar di hutan tropis indonesia. bencana kebakaran berlangsung hingga juni 1998 di berbagai wilayah (kalimantan, sumatera, sulawesi, bali, lombok, papua, papua nugini, dan sarawak). luas lahan terbakar: 19,7 juta ha. korban: 100.000 orang terserang penyakit akibat asap. dalam dua abad terakhir, kebakaran hutan ini dianggap terparah di dunia. jutaan orang terpapar polusi, musnahnya keragaman hayati; kabut asap merebak ke malaysia, singapura, brunei, sebagian wilayah thailand, vietnam, filipina, dan australia bagian utara.

bank dunia memperkirakan 8% dari total emisi global gas rumah kaca untuk tahun itu disebabkan oleh kebakaran.

26 september 1997, pesawat garuda airbus 300 ga 152 jatuh di ladang warga, di desa buah nabar, kecamatan sibolangit, sumatera utara. menewaskan seluruh penumpang serta kru pesawat 234 orang. jatuhnya pesawat diduga karena asap dari kebakaran hutan.

27 september 1997, terjadi tabrakan dua kapal barang di selat malaka. sedikitnya 28 anggota awak hilang. tabrakan terjadi diduga karena asap dari kebakaran hutan.

26 oktober 1997, 120 orang utan di kalimantan dibunuh penduduk desa setelah mereka dipaksa keluar dari habitatnya oleh kebakaran hutan. pulau itu adalah rumah bagi sekitar 20.000 orangutan.

loir botor dingit, kepala adat suku bentian yang hidup di tepi sungai lawa, kampung jelmu sibak, mahakam tengah, kalimantan, melakukan perlawanan. penebangan hutan telah merusak tatanan ekosistem hutan yang dijaga para leluhurnya.

Loir Botor Dingit. Sumber: www.goldmanprize.org

loir botor dingit: *ketika anda meneliti dan memilih seorang calon pemimpin, coba lihat, apa saja yang pernah dia lakukan kepada pepohonan, binatang satwa, bebatuan, sungai, laut, gunung, hutan, rawa, pasir dan lainnya?* **api yang liar dalam kata-kata. api yang melawan pemadam kebakaran.**

1997 stroke

yuan cina (CNY) ¥
  new taiwan dollar NT$
    dolar brunei (BND) B$
     dolar singapura (SGD) S$
      yen japan (JPY) ¥
       dong vietnam (VND)
        dolar hong kong (HKD) HK$

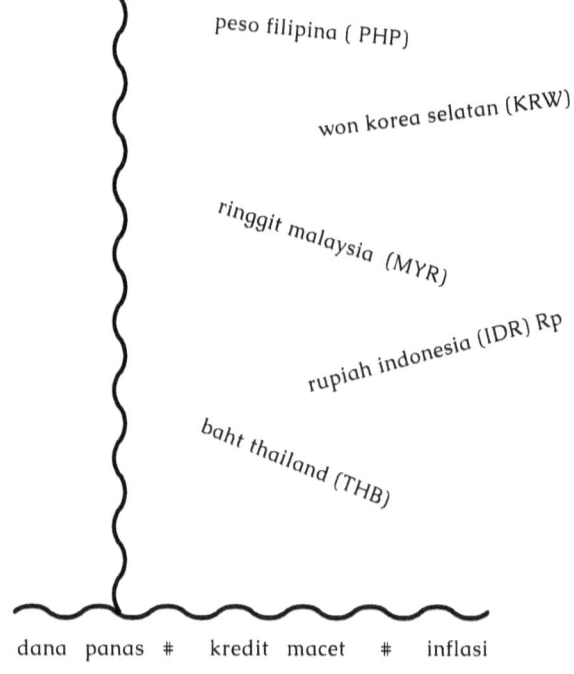

dana panas # kredit macet # inflasi

box wiji thukul

aku mengenalmu, mungkin seperti pernah mengenalmu. mungkin berusaha pernah mengenalmu. sahabat yang belajar berjalan untuk melawan. sebuah puisi, seperti kaki meja yang terpeleset antara bahasa jawa yang terbuat dari asam kunyit, dan bahasa indonesia dari permainan ludah tuan-tuan pemimpin republik. kata yang membatasi kata. pintu rumah yang terpeleset antara solo dan jakarta. harga yang membatasi harga. kau mulai belajar berdiri. berdiri yang membatasi berdiri. untuk punya sandal, tas belacu untuk menyimpan fotocopy puisi perlawanan. untuk mata yang membatasi kantuk. panasnya warisan kemiskinan. kegenitan para penyair dalam kesibukan wacana dan botol termos untuk kesunyian. bom surat mulai berdatangan dari mesir ke washington.

antara stasiun gambir dan solo balapan, mencari penggaris api untuk mengukur perlawanan. potongan tiket kereta dan bau keringat dari perut yang kosong. sebuah puisi antara revolusi dan masuk angin. tas ransel mulai penuh bayangan: penyair dari gudang-gudang penindasan. gelap yang membatasi gelap. puisi dari bahasa yang sempoyongan antara bau perempuan dan bau tubuh ibu. harga-harga terus naik, membawa rupiah dan dollar ke dalam botol minyak tanah. bayangan api antara lsm, partai dan para milisi. membawa senyum suharto ke dalam halaman buku orde baru yang mulai terbakar. reformasi antara politik dan ekonomi, reformasi antara kultur dan peradaban. reformasi antara tubuh-tubuh lokal yang kehilangan tanahnya. bahasa jawamu yang kasar, tumpah antara hembusan asap rokok kretek dan gundukan sampah sejarah. para pemimpin yahudi mengecam pernyataan mantan presiden swiss, jean-pascal delamuraz, yang menyatakan tuntutan yahudi atas kompensasi korban holocaust, sebagai pemerasan.

ada bahasa yang terpeleset di lidahmu, jatuh di bis kota. *lawan*. antara pernis kursi yang kau buat untuk mereka. *lawan*. kemiskinan dari kebencian. *lawan*. mata dari kelelahan. *lawan*. mengamen puisi di depan orang-orang yang kau lawan. *lawan*. kau ajak juga mereka yang kau lawan untuk melawan entah siapa yang harus dilawan. *lawan*. kau mulai percaya kata dan peluru bisa mengubah pernis sebagai api untuk kursi suharto. kau mulai memilih kata-kata seperti bensin dalam pil-pil antibiotik. keriting rambutmu yang melempar sampo, menjilat monitor tv untuk melawan iklan-iklan. dollar yang mulai ditarik dari napas indonesia, mengubah pasar dan modal. anggaran tahunan cia untuk program intelijen sebesar $26,6 miliar.

buruh mulai bentrok dengan polisi anti huru-hara di korea selatan. serikat buruh independen menyerukan mogok nasional di rusia, memprotes upah yang belum dibayar. buruh-buruh vietnam mogok di pabrik-pabrik sepatu adidas, fila, nike, all-star, menuntut kenaikan upah. pekerja baja wheeling-pittsburgh steel corp di ohio dan pennsylvania melakukan mogok selama 10 bulan. buruh kereta api mogok selama 36 jam di prancis. guru-guru di kenya mogok selama 12 hari menuntut kenaikan gaji 200%. sekitar 2.000 pekerja pertanian dole di mindanao, sulawesi, mogok, memprotes upah rendah. 5.000 pekerja indonesia memprotes kebijakan upah di pabrik sepatu nike.

siapakah kita dalam kata *lawan* yang kau pilih. siapakah aku dalam kata *lawan* yang diteriakkan. siapakah *lawan* dalam kata *lawan* yang kita kepalkan. tentara tiba-tiba sudah ada di atap loteng rumah kita, sudah ada dalam sandal jepitmu, menggumpal seperti benang kusut dan kawat berduri. ada jiwa yang berusaha mengubah kata *lawan* menjadi *sepi* dalam setiap kalimat pemberontakan. nyawamu terkubur di dalamnya, menjaga kata *lawan* untuk tidak terpeleset ke dalam gorong-gorong politik. sistem keuangan internasional menentukan kata *lawan* dalam bunga bank, nilai rupiah, investasi, regulasi ekspor-impor.

pintu situs-situs kekerasan dibuka. memotret wajah reformasi lewat kamera kegelapan. rakyat mulai merasa naik ke atas tangga, menuju ke lantai dua melalui tangga-tangga api, melalui tubuh-tubuh mereka sendiri yang terbakar. di lantai dua, mereka tidak menemukan lantai dua. rakyat tetap ada di lantai bawah. tangga antara lantai bawah dan lantai dua tidak ada. yang ada hanya tubuh yang terbakar, kuburan massal yang masih berbau ban terbakar. uskup katolik roma, benyamin de jesus, ditembak mati di kota cotabato, filipina.

suharto jatuh, seperti tumbal di atas korban-korbannya. hwang jang-yop, anggota komite sentral korea utara, membelot ke kedutaan korea selatan di beijing.

di lantai bawah. anak-anak masih bernyanyi. apakah kau mendengarnya? dengarlah. suara tentara yang berjalan dalam bayang-bayangmu.

rancangan mesin fiksi

saya generasi yang terbentuk dalam sebuah orde politik dengan rancangan total:

   "fiksi sejarah"

dia menggunakan tanganmu untuk membunuh dirimu sendiri. dia menggunakan mulutmu untuk mengkriminalkan dirimu sendiri. bagaimanakah kamu bisa menghapus pisau dari kata *pisau* dalam agenda politik. tertanam dalam sepiker publik. dia telah meringkus makna dan menyeretnya sebagai seragam militer, menggunakan tangan aku-massa sebagai pemegang mikrofon penuh darah. di beit shemesh, israel, raja hussein berlutut, duka untuk tujuh siswi israel yang ditembak mati seorang tentara yordania di pulau damai, sungai yordan.

dengar suara langkah itu
    di atas
     atau di bawah
dengar ketakutan itu
        di depan
         atau di belakang
apakah kupingmu telah jadi kuburan massal
di kanan atau di kiri.

korban-korbannya berjalan lebih jauh dalam bentuk yang tak terukur, mereka yang tidak pernah bisa dikuburkan dalam fiksi yang totalistik. gentayangan. memelihara dendam dan dusta sebagai keyakinan di luar kepercayaan. melahirkan generasi yang sulit berdiri di dalam sejarah. konservasi fiksi melawan keberagaman fakta dan indeks kegelapan. lupa menjadi kembang api dalam ingatan dan jembatan yang ambruk. geolog michael de guzman, melompat dari helikopter dalam perjalanan menuju busang, dan mati. ketegangan antara indeks dan fiksi emas di busang, freeport.

dengarlah suara beton yang "0%" sunyi. suara raungan batu bara dalam medan listrik. sebuah pemukiman seperti anak ayam yang terpisah dari induknya, lalu datang lagi dan bercerita tentang telur-telur di pasar. kenangan bertabrakan dengan lupa. bagian dari proses mulai retaknya makna di depan data. lupa direnovasi menjadi barang bekas. kenangan dikonstruksi menjadi tangga kertas. lima gerilyawan zapatista terbunuh dalam bentrokan dengan polisi di chiapas, meksiko.

>
> suara-suara datang
>   bau
> warna
>   detak jantung
>   tatapan ke dalam
>   keluar masuk
> *bulu kuduk*
> dalam kenangan tentang cinta

pintu yang tiba-tiba terbuka dan kau tak membukanya. jalan yang jalang. puing-puing yang maling. seekor anjing berhadapan dengan ekornya sendiri. mesin fiksi menggeledah mimpi-mimpimu.

AFRIZAL MALNA

pakarena indeks

mengatakan sesuatu yang aku katakan itu adalah
mengatakan *kata-kata*. memeluk sesuatu yang aku
peluk itu adalah memeluk *pelukan*. suara gendang bugis
membuat dinding-dinding udara. gulungan ombak
dari separuh pantai losari. tubuh penari mulai bangkit
dari duduknya (dan berdiri). suara suling tajam antara
tubuh dan pakaian. tenggelam dalam tatapan ke dalam, tempat tumanurung turun dari langit. tangannya, gerak
yang tidak pindah, memetakan badai pada tubuhmu.
suara tombak prajurit gowa, dalam perang makassar.
tak ada kode pos. sebuah kamar tanpa kota. tagihan
telepon dan pertunjukan *baju baru* dari ramli. kegelapan
menatap laron-laron, sayapnya memanjat lampu neon:

(tubuhku jatuh di atas bayanganmu).

edith haisman, korban tertua dari tenggelamnya kapal
titanic, meninggal dalam usia 100 tahun. *lambat dan
sangat lambat*. baju bodo dari sutra hijau. anting emas.
gelang emas. kalung emas. suara jangkrik. gerak kipas
dalam tatapan bahasa bugis. tubuhnya berputar,
menuntun waktu dari vagina ke plasenta. gunung andes
runtuh di peru, mengubur desa choch dan pumaranra.
senat brasil mulai mengizinkan perempuan mengenakan
celana panjang.

cintaku, *aku di sini*. selamanya di sini. mengukur
rambutmu yang terus tumbuh. dan menguburku
di luar sana.

x-men paste

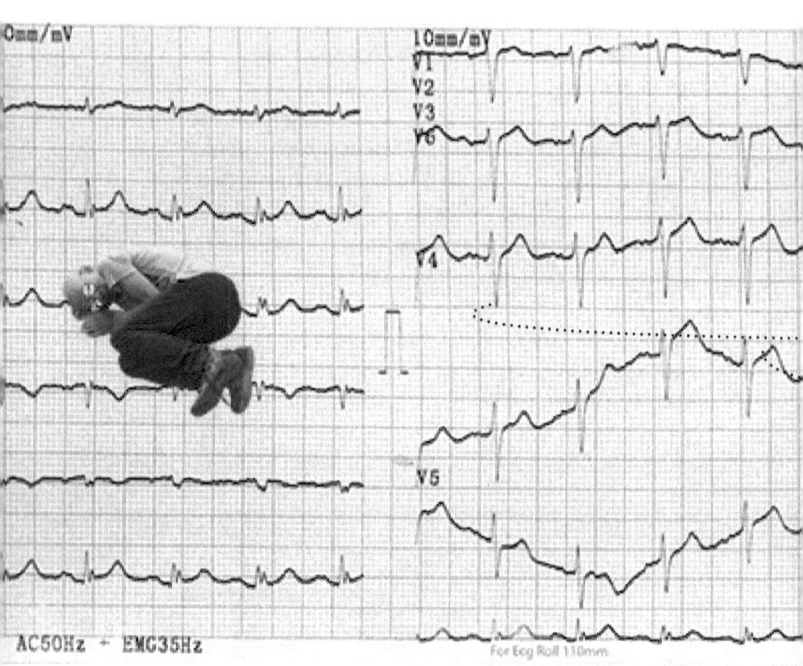

AFRIZAL MALNA

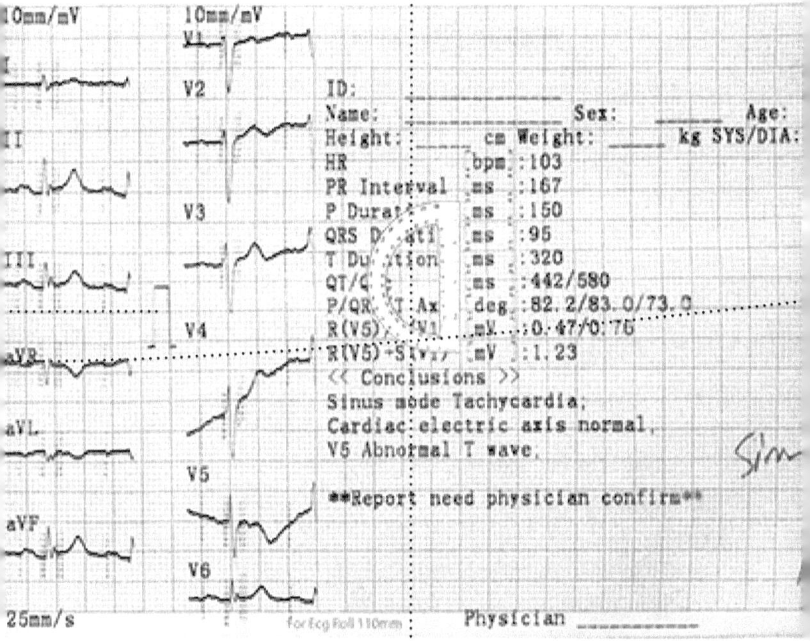

```
10mm/mV      10mm/mV
                V1
I
                V2
                        ID:
                        Name:                    Sex:          Age:
II                      Height:       cm Weight:      kg SYS/DIA:
                        HR              bpm  :103
                        PR Interval     ms   :167
                V3      P Duration      ms   :150
                        QRS Duration    ms   :95
III                     T Duration      ms   :320
                        QT/QTc          ms   :442/580
                        P/QRS/T Ax      deg  :82.2/83.0/73.0
                V4      R(V5)/S(V1)     mV   :0.47/0.75
aVR                     R(V5)+S(V1)     mV   :1.23
                        << Conclusions >>
                        Sinus mode Tachycardia;
aVL                     Cardiac electric axis normal,
                        V5 Abnormal T wave.
                V5
                        **Report need physician confirm**
aVF
                V6
25mm/s                                      Physician _____
```

PROMETHEUS PINBALL

hidangan tubuh mutan

setiap hari pohon-pohon bambu berderit dan
membuat cerita tentang angin yang menjatuhkan
daun-daunnya. seekor ular memakan seekor
kodok. sebelum ular memakannya seekor kodok
berubah menjadi seekor ular. fosil dinosaurus
karnivora dari 120 juta tahun yang lalu, ditemukan
di Inggris selatan. dan pohon-pohon bambu
berderit, membuat cerita tentang angin yang
mematahkan batangnya. seekor ular memakan
seekor kodok. setelah ular memakannya ular tak
tahu sedang memakan tubuhnya sendiri. deng
xiaoping meninggal, parkinson dalam usia 92
tahun. dan pohon-pohon bambu berderit,
membuat cerita tentang angin yang tersesat dalam
sebuah hutan bambu. asteroid menghantam bumi,
65 juta tahun lalu di lepas pantai florida utara. dan
angin. dan ular. dan hutan bambu. setiap orang
melewati hutan bambu itu, mereka seperti
mendengar nyanyian cinta. dan mereka masuk. ke
dalam. di dalam. *dalam*. dan mereka tak pernah
ditemukan kembali.

yang ditemukan hanyalah: tubuh mutan yang
terus bermutasi dalam bahasa.

di atas meja makan, dalam mangkuk, panci dan
piring-piring ada daging kodok, daging ular,
rebung bambu, babi, ayam, seekor aku, sambal,
lalapan: makanan sudah siap, menunggu sang
pemakan -- yang tak pernah nyuci piring

cinema bedoyo

pita film mulai terbakar. suara gemeretak kaki-
kaki kuda, dalam proyektor. menit-menit tentang
sebuah candi, dalam durasi lingga dan yoni.
kethuk, kenong, kendhang, gong, kemanak >>
gending ketawang dan malam bertelinga.
sembilan penari dengan harum melati, bergerak
lambut, menembus sembilan malam. perlahan
setengah *perlahan*. lantai jawa bergerak
setengah *bergerak*, di pantai selatan -- aroma
kembang setaman. suara gending di dasar laut.
angin membuat sembilan titik peta tentang arah.
tubuh kemilau dalam baluran pupur kunyit. air
terjun jatuh di balik kain kembennya. the path-
finder mendarat di mars. foto-foto planet merah
itu membuat mimpi baru antara debu dan masa-
depan anti kiamat.

sembilan penari bergerak lembut setengah
lembut, dalam tatapan ke bawah setengah *ke
bawah*, mengunci hujan dan bau malam di bawah
dagunya. raja-raja jawa datang dan pergi. tak ada
yang bisa melihat penari kesepuluh setelah
sembilan penari bedoyo melepas bayangannya.
suara gending dalam tubuh penari ke sepuluh
yang tak terlihat. jemari lentik menciptakan
tubuh baru, antara pantai, keraton dan laut yang
telanjang. the hong kong philharmonic membuat
konser "symphony 1997 heaven earth mankind",
malam penyatuan kembali hong kong dan cina.

ratusan ribu orang merayakan malam cinta di berlin. berdansa dengan musik techno elektronik, setelah perang dingin berakhir dan menjelma sony center potsdamer platz.

merapi memuntahkan laharnya. tubuh gunung dalam irisan merah. agen-agen travel, solo-yogya. hotel dan sanggul mulai dilepas di depan cermin. sebuah film diputar dalam dinginnya api, kulkas dan bekas irisan waktu. sebuah keris jatuh dari rambut panjangnya. tentang seorang penari dari fantasi laut. suara kaki kuda di lantai keraton, setelah kibasan tajam ujung kain dodot >> *luruh* setengah *jatuh*.

    kau tak perlu mencariku.

aku tinggal dalam sebuah kamera.

<<  >>

(seseorang seakan-akan aku) harus menyerahkan diri ke dalam pipa-pipa narasi. apakah *bocor* dan *sumbatan* adalah esensi pipa sebagai *pipa*. bahasa menggedornya dari luar. puisi mengalir tidak terlihat dalam gelapnya. sebuah jarak pendek yang dasarnya selalu bergeser >> ke depan, ke belakang, ke samping, ke bawah, ke atas: daratan yang datang dan punah. lapisan-lapisan musim dalam bahasa yang usang. serangga yang putus asa mengukur usia bumi.

(seseorang seakan-akan aku) kadang tertikam oleh alur yang menjadi tajam dalam tikungan sudut ke sudut lainnya tentang *patah*: jalan buntu antara cerita dan berita. makhluk-makhluk tak bertulang yang mengeluarkan cahaya dalam kegelapan 1 km di dasar laut. keteraturan dan kheos bertemu dalam sebuah komidi putar. rasa sakit, takut, cemas, gelembung-gelembung keindahan dan kesunyian, hantu abadi dan pedagang nasi goreng. semua hitungan tentang ingatan dan lupa untuk 100% membubarkan institusi kenyataan *setelah* kiamat datang. seorang jurnalis ketakutan menghadapi mesin tik.

25 januari 1997, di argentina, jurnalis jose luis cabezas ditemukan terbunuh di resor atlantik pinamar. jose luis cabezas diborgol, disiksa dan dibakar hidup-hidup oleh polisi di bawah perintah alfredo yabran. 5 juni 1997, reporter j. anthony

lukas, pemenang hadiah pulitzer, bunuh diri. 16 juli 1997, benjamin flores gonzalez, editor surat kabar *la prensa*, ditembak mati di san luis colorado, meksiko. 28 juli 1997, naimullah, wartawan *sinar pagi* di kalimantan barat, ditemukan tewas dalam mobil pribadi di kawasan pantai penimbungan, pontianak. bagian belakang kepala dan pelipis kanan pecah, kedua tangannya memar. ia dianiaya. 13 oktober 1997, jurnalis nguyen hoang linh dari surat kabar bisnis *enterprise* di vietnam, ditangkap dengan tuduhan mengungkapkan rahasia negara. dia menyelidiki korupsi pemerintah. 25 september 1999, agus mulyawan, koresponden indonesia untuk *asia press*, jepang, ditembak di pelabuhan qom, lospalos, timor timur. mayatnya ditemukan di dasar sungai verukoco, apikuru, lautem.

sedikit lagi saya bisa berjalan dan melangkah. begitu bahagianya bisa berjalan, begitu bahagianya bisa melangkah, berdiri, duduk, jongkok, berbaring. sebuah museum kenangan untuk puing-puing teriakan. ada tangisan yang terlalu jauh untuk bisa didengar. jauh untuk bisa menciptakan dalamnya sendiri.

kisah yang menulis dirinya sendiri

besok hari senin. mungkin aku pernah membuat kesalahan di hari senin. tubuh dan diriku pasti menyimpannya. tidak akan membuangnya. tetapi izinkanlah aku melanjutkan kisah ini terus berjalan membentuk sungainya sendiri membentuk pipa-pipanya sendiri. menciptakan jam 5 sorenya setelah senja berakhir. 22 maret 1997, lima anggota sekte solar temple di quebec, kanada, bunuh diri massal. 10 april 1997, sastrawan michael dorris bunuh diri. 13 mei 1997, sepanjang 9 bulan, 6 orang gadis remaja bunuh diri untuk menghindari pernikahan tradisional dengan sepupu lansia berusia 80 tahun di ethiopia. 22 november 1997, penyanyi band rock australia, michael hutchence, bunuh diri di sebuah hotel di sydney. 19 desember 1997, di indonesia, sebuah jet boeing silkair singapura jatuh di sungai musi, utara palembang. kapten tsu way ming, diduga bunuh diri karena kerugian investasi. 20 desember 1997, sutradara film juzo itami, bunuh diri dari kantor berlantai 8, di tokyo, sebelum sebuah majalah melaporkan tentang perselingkuhannya.

semua kecerobohanku, semua ketidak-tahuanku adalah sebuah halaman kecil untuk bayang-bayang terus ada di situ. cahaya tidak bisa menghapusnya. sebuah bom di moskow menghancurkan patung nicholas i. polisi anti huru

hara membubarkan ribuan pelajar albania yang
menuntut hak untuk belajar dalam bahasa mereka
sendiri di pristina, serbia. kelompok gerilyawan
separatis mencoba membom museum
guggenheim di bilbao, spanyol. singapura
memperingati hari kerusuhan rasial 1964 dan
stop. jenazah che guevara ditemukan di kuburan
massal di vallegrande, bolivia. kisah-kisah yang
ditulis oleh kegelapan itu sendiri. di akhir sebuah
kalimat, ketika kata *liar* melihat hujan turun dalam
kisah-kisahmu,

> *basah*,

sebuah *titik* hanyut ke dalam samudra.

burung bangkai di bawah meja kerja

aku bermimpi seekor burung bangkai masuk ke dalam rumahku. sebagian besar tubuh hitamnya sudah tidak lagi berbulu. botak pada bagian leher, sayap dan perutnya. burung bangkai itu tampak sakit, lelah dan lapar. anjing-anjingku memburunya. (aku tidak ingin mereka menerkamnya). bintang tv taiwan, pai ping-ping, diculik dan dibunuh. putri caradja-kretzulesco, keturunan pangeran dracula, meninggal di paris, tanpa novel bram stoker tentang vampir. penulis naskah drama suriah, saadallah wanous, meninggal di damaskus. pasukan uzbekistan memaksa taliban keluar dari mazar-e-sharif di afghanistan. restoran mcdonald's pertama dibuka di ukraina. mei 1997, suradji ditangkap dan dieksekusi karena membunuh. empat puluh satu mayat ditemukan di lapangan dekat rumahnya di lubuk pakan, sumatera utara.

burung bangkai itu berusaha menyelamatkan diri, terbang ke sana ke mari dalam rumahku. masuk ke bawah meja kerjaku. anjing-anjingku bergerak menyerbunya. aku juga bergerak menyerbu anjing-anjing untuk tidak membunuh burung itu. lampu senter menyorot kolong meja kerja. sebuah dasar yang tak pernah bisa disentuh oleh bayang-bayang. burung bangkai itu tiba-tiba lenyap begitu saja. aku terbangun.

lampu senter tak ada. burung bangkai tak ada. anjing-anjingku tak ada. aku tak ada. sebuah buku, karya alan greenspan - *the future of money in the information age*, seperti mesin cuci yang terus menyala mencuci bau bangkai di atas meja kerjaku.

template DNA

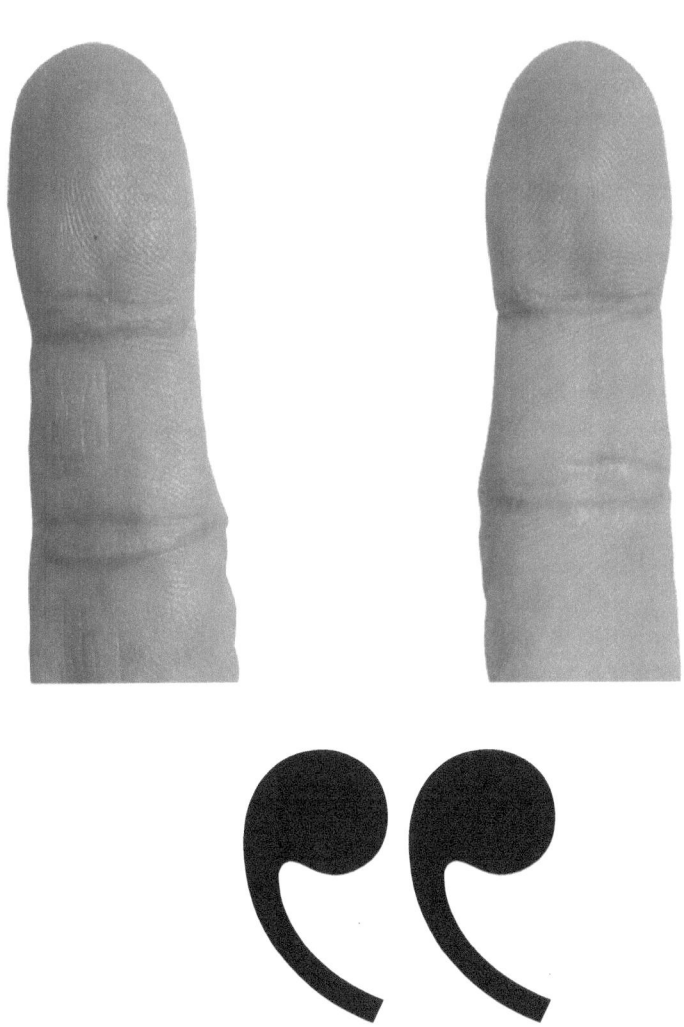

PROMETHEUS PINBALL

jurnalisme biografi

daun-daun nangka jatuh, angin, melayang, daun-daun nangka nancap pada dinding rumah. halaman dikelilingi halaman. rumah jawa, dinding kayu dan rayap. pintu rendah, kepala menunduk untuk melewati pintu. sebuah komuni suara burung, kodok dan serangga. berdebam. nangka matang jatuh. tanah bergetar. anjing-anjing menyalak mendengar jatuhnya. ada lubang tupai dan kupu-kupu. di tanah, buah nangka retak, menciptakan serangga-serangga. bau nangka busuk merembes ke dalam ingatan. kebun nangka dikelilingi buah nangka. seorang lelaki bersenjata mencuri "tete de femme," potret picasso, dari galeri london.

setiap angin kencang datang, tangga memeluk erat pohon nangka: *sayangku, kamu tidak boleh tumbang. rumah akan hancur kalau kamu tumbang.* nitiprayan, desa antara yogya dan bantul, antara persawahan dan suara kaki kuda ugo untoro. sepeda melayang dalam udara lembab, sebelum semen, beton-beton dan pengeras suara lebih banyak lagi datang. buah nangka naik ke atas tangga, mencari tempatnya pernah tumbuh. anjing menyalak. sebelum gempa dan genteng-genteng berhamburan dalam sebuah konser piano. salib lalibela yang berusia 800 tahun dilaporkan hilang di ethiopia.

tanah menjadi merah ketika bunga-bunga pohon sengon mulai berjatuhan. ribuan ulat-ulat mulai bergerilya dari dahan-dahannya. burung-burung berpesta memakani mereka. semut dan ular bermigrasi sebelum hujan turun. shoichi yokoi, pejuang perang dunia i jepang, yang tak tahu perang telah berakhir, meninggal setelah 28 tahun bersembunyi di gua bawah tanah di guam. dan hujan turun seperti ribuan tahun yang lalu. pohon sengon, dahan-dahannya besar seperti ular naga. aku memeluk hujan: *sayangku, kamu tidak boleh tumbang. rumah akan hancur kalau kamu tumbang.* di paris, presiden rusia, boris yeltsin bergabung dengan 16 pemimpin nato.

tangga berjalan-jalan dalam kebun nangka. pesawat terbang melintas. senja akan mengantar kaki langit dengan merah yang paling matang dari seluruh warna-warna dasar, menjelang malam. suara serangga mulai membuat dinding dari nyanyian yang masif, tanpa jeda. ... bunda teresa meninggal, gagal jantung, di kalkuta. apakah waktu? apakah kenangan? apakah ingatan? selembar daun waru, tubuhnya bolong-bolong dimakan serangga, jatuh bersama dengan warna kuningnya, menjelang coklat. amos tutuola, penulis rakyat nigeria meninggal.

nama-nama dan peristiwa mulai berdatangan. sebuah reuni dengan diriku sendiri. silakan masuk: tamu-tamu, para sahabat, para kekasih, keluarga. angin mati. daun-daun nangka menancap di udara. kebakaran menghancurkan 3 lantai teratas bank indonesia di jakarta. langit seperti kumpulan arsip. silakan masuk, silakan. seluruh kebosanan, seluruh kesepian, seluruh luka dan tawa-tawa kecil, menjelang terbahak-bahak, telah berkumpul di sini. izin tinju mike tyson dicabut, karena menggigit kuping holyfield.

tubuhku berusaha menahan sebuah jatuh yang akan *jatuh*. mulai merayap memasuki hari tua. mengirim kabar basa-basi untuk jantung dan ginjal. *peluk hangat untukmu*. ada yang tidak mudah untuk berdiri bersama di bawah sinar matahari pagi. 27 juli 1997, muhammad mahdi al-jawahiri, penyair arab klasik dari irak, meninggal di suriah.

tamu-tamu yang lelah oleh riwayat-riwayat yang berulang, telah tertidur. *siklus*. seluruh tempat dalam rumah penuh oleh tubuh mereka yang t rtidur. *siklus*. aku tidur di depan pintu bersama anjing-anjingku, menunggu seseorang "yang-tak-pernah-ada", yang belum datang.

siklus

silakan masuk.
mencari asal-usul bersama dari kisah yang jatuh, dan berdiri lagi, dan jatuh lagi -- masuk, keluar -- dan masuk lagi.

lampu senter

buku hans belting, "the end of the history of art,"
terbit. 10 tahun kemudian: buku arthur c danto,
"after the end of art: contemporary art and the
pale of history," terbit.

kamar mandi membuka pintu, keluar dari dalam
kamar mandi.
kamar mandi.
kamar mandi membuka pintu, keluar dari dalam

buku hans belting, "the end of the history of art,"
terbit. 10 tahun kemudian: buku arthur c danto,
"after the end of art: contemporary art and the
pale of history," terbit.

surabaya johnny

seorang kekasih, ingin tinggal dalam sebuah lagu: *surabaya johnny*, dari puisi brecht, kurt weill dan elisabeth hauptmann, dalam sebuah komedi musikal, 1929, berlin menjelang perang (dan surabaya menjadi *zurabaya*). lampu jalan terasa mentah. rumah-rumah bosan, usang, sendiri. seekor anjing mengunyah puntung rokok. bau spanyol dari pelabuhan pantalan, di teluk manila; pelabuhan khlong toei di sungai chao phraya, mengikat peta lama. anak-anak kapal berlabuh di tanjung perak. muara dari masa lalu, setelah kalimas dan jembatan merah.

johnny, kamu anjing dalam hatiku.

dia minum kopi mentah. menatap bekas-bekas rambutnya pada bantal. sebuah rok merah yang belum mengenal tubuhnya. dan membuat perpisahan (tanpa alasan) dengan kekasihnya. dia ingin menjadi seorang pelacur. tentang tubuh sebagai laut dan kamar, yang dibebaskan dari isolasi mimpi buruk. seorang lelaki mabuk, limbung, menabrak pintu demi pintu. mencari tahu, cara-cara menangis.

di pelabuhan klang, kuala lumpur, bahasa melayu menatap jawa. asia tenggara setelah perang. tentara bayaran di papua nugini untuk para pemberontak. seorang kekasih menyanyikan surabaya johnny, seperti masa kanak-kanak, dalam sebuah album foto yang tak ada dirinya. dia melihat seragam satpol pp (kusam dan sedih), di balik bayangan kekuasaan yang pengecut, menggeledah celana dalam warga kota. sebuah perahu nelayan, telah bangkai, muncul di pantai ketika air laut surut. angin dari teluk madura, garis cahaya pada pinggulnya. dan sebuah surabaya dalam soto daging yang hangat (johnny, kamu anjing dalam hatiku).

perempuan itu, *the fly*, namanya, dari sebuah komedi musikal "happy end", menjatuhkan korek api, untuk menunduk, memungutnya kembali. untuk menunduk. dan serakan batang-batang korek api dalam bayangannya.

ilusi pinball

daftar indeks
tertancap dalam angka
pengangguran kota
kadang ia bosan
makan siang pecel lele
obat merah bekas gigitan nyamuk
tertancap lagi
pada politik anggaran kota
yang gokil
lalat-lalat pemakan popcorn
beterbangan dalam surat-surat
jual-beli tanah
daftar indeks
mencari data dan arsip
menghapus dirinya dari kategori
sebuah mesin waktu -- 1997
menatap 110 desa yang rusak
di ardabil, iran
oleh gempa
sekitar 3.000 orang tewas
perpustakaan kongres amerika
membuat web "sejarah hari ini"
menerbitkan 52.000 buku
fiksi dan non-fiksi
daftar indeks tak tahu artinya fiksi
    (atau)
"abadilah dalam kematian"
untuk pesta lalat-lalat
pemakan popcorn
apakah data?

para perancang busana
dari kontes ratu kecantikan
futuristik
menerjang politik anggaran kota
yang gokil
langit berwarna kuning
daftar indeks tertancap
    lagi
di bank data
ramalan cuaca
dan mesin pinball
mengacak password
dalam sebuah puisi
    pindah
dari spasi ke properti
anggaran sampah
dan baju gubernur
dalam susunan
saling melontar
angin dan hujan
sebuah kota dalam baskom
menerjang standarisasi
honor puisi
catherine caufield menerbitkan
"master of illusion:
bank dunia dan kemiskinan bangsa-bangsa"

sebuah indeks
di pagi hari
bukan hari ini

daftar bacaan

Ahmad Arif: *Kisah "Orang Indonesia" di Belanda...*, Kompas.com - 07/10/2010, 08:25 WIB

Boris Pasternak, Poetry Foundation

Budiarti Utami Putri: *Sembilan Wartawan yang Dibunuh Saat Bertugas*. tempo.co

Denise Levertov - poems: Poemhunter.com - The World's Poetry Archive

Fajar Pebrianto: *Begini Cerita Tragedi 27 Juli 1996 di PDIP yang Menyeret SBY*. tempo.co

Firman Lubis: *Jakarta 1960-an*, Masup, Jakarta 2008

Firman Lubis: *Jakarta 1950-1970*, Masup, Jakarta 2018

Edi Sedyawati, Supratikno Rahardjo, Irmawati Marwoto Johan, G.A. Manilet - Ohorella: *Sejarah Kota Jakarta 1950 - 1980*, Departemen Pendidikan dan Kebudayaan Direktorat Sejarah dan Nilai Tradisional, 1986, 1987

Frieda Amran: *Batavia, Kisah Kapten Woodes Rogers & Dr. Strehler*, Kompas Media Nusantara, 2012

H.C.C. Cllockener Brousson: *Batavia Awal Abad 20*, Komunitas Bambu, Jakarta, 2004

Hendrik E. Niemeijer: *Batavia, Masyarakat Kolonial Abad XVI*, Masup, Jakarta 2012

Haruki Murakami, wikipedia.org

H. Misbach Yusa Biran: *Kenang-Kenangan Orang Bandel*, Komunitas Bamboe, 2008

Irfan Teguh: *Sejarah Proyek MHT Ali Sadikin. Membangun Fisik & Mental Jakarta*. tirto.id

Joseph Brodsky, Poetry Foundation

Lagu Cengeng VS Pemerintah, breakindo.worldpress.com

Laurel Jean Fredrickson: *Life as Art, or Art as Life: Robert Filliou and the Eternal Network*. researchgate.net/publication/327892893

Macrohistory and World Timeline, 1957, 1967, 1977

Mikhail Gorbachev, Wikipedia.org

Mitos Pruitt-Igoe: Sejarah dan Latar Belakang, Meniti Batas, blog.asf.or.id

Mochtar Lubis: *Senja di Jakarta*, Yayasan Obor, 1992

Pamona Collage Museum of Art: pamona.du/museum/exhibition

Petrik Matanasi: *Sejarah Pelarangan Lagu Cengeng Zaman Orde Baru*, tirto.id

Poem by Siegfried Sassoon: PoemHunter.com

Regis Debray: Revolution Without a Revolution, Martin Glaberman 1968

Roane van Voorst: *Tempat Terbaik di Dunia, Pengalaman Seorang Antropolog Tinggal di Kawasan Kumuh Jakarta*, Margin Kiri, Jakarta, 2018, hal. 162

Robert Lowell, Poetry Foundation

Robert Filliou at Peter Freman, Inc., New York. artnews.com

avant-gardes of the sixties and seventies

Rosiana Haryanti: *Peristiwa "Kudatuli" 27 Juli 1996, Pagi Kelam di Jalan Diponegoro...* kompas.com

Seputar Teater Indonesia, : seputarteater.wordpress.com

Siegfried Sassoon, Poetry Foundation

Stan Le dan Jack Kirby, *The X-Men,* Marvel Comics, 1963

Surat Max Dauthendey, Rekaman suara program Radio Jerman *Deutsche Welle* (*Orang Jerman di Indonesia, Kerja Sama Sejak 500 Tahun*), dibuat berdasarkan dua buah surat ditulis Max Dauthendey" (seorang penulis, penyair dan pelukis Jerman), 1891 dan Garut, 18 Agustus 1914.

Susan Blackburn: *Jakarta Sejarah 400 tahun*, Masup, Jakarta 2012

The Artist as Guide to Not Knowing: Robert Filliou's Portraits Not-Made. DB. dallasbienial.org

Tiananmen 1989: Apa yang Terjadi dalam Unjuk Rasa Besar di China dan Bagaimana Rakyat Kini Memahaminya. bbc.com

Timeline of History 1957, 1967, 1977, 1987, 1997. timelines.ws/20th-cent/

Toni Morrison quotes. goodsread.com

Unjuk Rasa Tiananmen 1989. wikipedia.org

Zefry Alkatiri: *Pasar Gambir, Komik Cina & Es Shanghai* , Masup, Jakarta 2010

afrizal malna.

Buku-buku terbarunya yang terbit: *Kepada Apakah* (2013); *Anxiety Myths* (terjemahan Andy Fuller, Yayasan Lontar, Jakkarta 2013); *drucktmaschine drittmensch* (terjemahan Urilke Draesner, Katrin Bandel, Sophie Mahakam Anggawi: DAAD, Berlin 2015). *Berlin Proposal* (Nuansa Cendekia, Bandung, 2015); *Teks Cacat Di luar Tubuh Aktor* (Kalabuku, Yogyakarta, 2017); *Pagi yang Miring ke Kanan* (Nyala, Yogyakarta, 2017); *Pada Batas Setiap Masa kini* (Octopus, Yogyakarta 2017); *Lubang dari Separuh Langit* (Octopus, Yogyakarta 2017); *Buka Pintu Kiri* (Diva Press, Yogyakarta 2018). *Document Shredding Museum*, terjemahan Daniel Owens (Reading Sideways Press, Melbourne, 2019). *Tragik Satu Rasa Untuk Semua-Aku, Esai-esai Senirupa*: basabasi, Yogyakarta, 2019). 1983-1993: Menulis teks-teks pertunjukan Teater Sae. 1996: Mengikuti Poetry International Rotterdam. 1997: Mengikuti pertemuan Sastra Asia Pasifik di Kuala Lumpur. 1997-2002: Aktivis Urban Poor Consortium (UPC), Jakarta. 2008 - 2011: Mengikuti Performance art Laboratory (PALA), Undisclosed Territory Performance Art di Bali dan Mojosongo, Solo. 2012: Kurator untuk Forum Penyair Internasional Indonesia. Mengikuti Performance Plarform Lublin, Juli 2012, Polandia. Mengikuti residensi DAAD di Berlin (2014-2015), Poetry On The Road International Bremen (Mei 2014), Berlin International Literatur Festival (September 2014), Maasricht International Poetry Night (Oktober-November, 2014) dan Literature Festival Southeast Asia Litprom Frankfurt, (Januari 2015); Hamburg Literatur Festival (Harbour Front, September 2015); International Poetry Festival-Kritya, di Kerala, India, (Februari 2016); mengikuti Tokyo Performances Arts Meeting (TPAM) di Yokohama, sebuah grant dari Japan Foundation Jakarta. Sebagai peserta dalam Biennalle Jakarta 2017. Sebagai kurator Europalia 2017 dan Pekan Teater Nasional 2018 dan 2019. tahun 2016-2019 mengurus program Komite Teater Dewan Kesenian Jakarta. Lahir di Jakarta, 7 Juni 1957. Pernah kuliah di Sekolah Tinggi Filsafat Driyarkara (tidak selesai). Sebagai in-house curator pada O House Gallery (2006-2010).

komentar

Seperti *pinball*, virus corona menyebrang dari inang satu ke yang lain, tumbuh secara eksponensial, mengulang cerita menakutkan sepanjang sejarah peradaban. Tulisan Afrizal tak pernah dirancang untuk itu, tak pernah berniat mengisi kekosongan waktu karena pandemi. Afrizal menulis ini jauh sebelum wabah. Juga mendapatkan kata pinball jauh sebelum wabah ini ada. Tetapi seperti yang tak semua orang ketahui, kekuatan riset dan metafor hampir selalu memberi kita ruang yang tepat--untuk menarasikan masa depan -- Ahead of Time. Dia dibekali dengan semacam intuisi "Pareto Law" yang membabat semua 80% akibat dari hanya 20% sebab. Begitu pula cara dia meregenerasi data dan berpuluh tahun percaya pada pengetahuan. Narasi dia selalu 80% lebih cepat dan nyata dari data sumber yang tak berbunyi apa-apa bagi kebanyakan orang. Namun lagi-lagi, dia mengaku seperti anak bebek yang berjalan di belakang waktu.

(**Sartika Dian Nuraini**, Jakarta, kurator sastra)

Prometheus Pinball adalah museum kenangan terbuka. Sebagian kesaksian pada keberlaluan waktu dalam siklus rumitnya, dan sebagian buku kliping disusun dari potongan-potongan arsip bercampur-aduk dengan ingatan. Sebuah "upacara dalam lingkaran asap obat nyamuk." Jejak-jejak peristiwa, perasaan, dan mata rantainya sudah diperbesar, diselidiki, dipertanyakan, dan disusun ulang dalam bentuk tak terduga yang lentur untuk dipikirkan. Buku baru Afrizal Malna ini bisa disebut sebagai otopuisi atau puibiografi (puing-puing dari biografi). Afrizal menghubungkan titik-titik kehidupan pribadi dengan data-data sejarah menjadi bentuk puisi di mana yang muskil dan yang gamblang tak dapat dibedakan lagi. Semacam monumen peringatan rapuh dari "kota ina inu." Semacam upaya untuk "mencari asal-usul bersama dari kisah yang jatuh / dan berdiri lagi, dan jatuh lagi -- masuk, keluar / dan masuk lagi."

(**Daniel Owen**, penyair, penerjemah, New York-Yogya)

"Ketika arti dari sebuah kata sudah begitu kokoh menancap, Afrizal mengguncang-guncangnya, merobohkannya. Sejak abad yang berlari hingga buku ini. Bagai Nabi Ibrahim menghancurkan berhala. Lalu disematkannya ke dalam susunan kata yang tadinya asing, untuk saling bercakap-cakap tentang makna baru mereka. Memori dan ingatan yang lama tentangnya, kusut semua."

(**Cholil Mahmud**, Vokalis "Efek Rumah Kaca" dan "Pandai Besi", Jakarta)

"Layaknya pahlawan-pahlawan mitologis Yunani kuno yang mengarungi dunia bawah dengan misinya masing-masing, Afrizal Malna berpetualang ke masa lalu bersama arsip dan kenangan (dua teman perjalanan yang kadang saling berbantahan), menyusun kronik yang semarak dengan nama, peristiwa, dan luka. Di negeri ini, di mana kita terpaksa melupakan trauma-trauma (yang terus saja terjadi dari masa ke masa), setiap usaha untuk mengingat adalah hal yang subversif. Itulah yang menjadikan antologi ini penting untuk dibaca."

(**Kharis Junandharu**, eseis, vokalis "Silampukau", Surabaya).

Prometheus Pinball sebuah autobiografi yang melihat dari dalam objek dan luar objek. Afrizal Malna berkata tentang dirinya sebagai Indonesia dan bukan-Indonesia dan berkata tentang Indonesia dan dunia sebagai Afrizal dan bukan-Afrizal. Kita menjadi kanak-kanak, kita menjadi remaja, kita menjadi tua dan menjadi Indonesia bersama puisi-puisinya. Buku ini sebuah naskah resah tentang kehilangan masa lalu dan kesannya kepada hubungan cinta-benci terhadap kepesatan masa kini. Pada beberapa puisinya tanpa sedar atau tidak kita telah menjadi Afrizal.

(**Md. Fariq Khir**, fiksyenis, Malaysia)

READING SIDEWAYS PRESS © 2020

www.ingramcontent.com/pod-product-compliance
Lightning Source LLC
Chambersburg PA
CBHW020316010526
44107CB00054B/1864